KB235342

친구에게 보내는 편지

친구에게 보내는 편지

친구에게 보내는 편지

용수 보살의 권계왕송

བཤེས་པའི་སྤྲིངས་ཡིག་

Suhṛllekha

용 수 지음

신 상 환 옮김

도서출판 b

| 일러두기 |

1. 우리말로 풀어쓴 이 책 『친구에게 보내는 편지』는 '중관사상의 시조'로 일컬어지는 용수의 『권계왕송[勸誡王頌]』 NK본[本]의 티벳어 게송들을 저본으로 삼고 여러 판본들을 비교하여 완역한 것이다. 본문의 표기는 위에서부터 티벳어와 티벳어 로마자, 우리 말 순으로 배치했다.

2. NF: Tarchin (G. L.) and Engle (A. B.), trans., *Nāgārjuna's Letter to a Friend, Commentary by Venerable Rendawa, Zhö-nu Lo-drö*, Dharmsala: LTWA, 1979.

3. NK: Jampel (L.), Chophel (N. S.) and Santina (P. D.), trans., *Nāgārjuna's Letter to King Gautamīputra – with Explanatory Notes Based on Tibetan Commentaries and a Preface by His Holiness Sakya Trizin*, Delhi: Motilal Banarsidass, 1978.

4. [고]: 고려대장경연구소 홈페이지(http://www.sutra.re.kr)의 용어사전의 약자다.

5. [BD]: http://buddha.dongguk.edu/ 등 전자 불교사전의 약자다.

6. TT: 티벳어 전자사전인 Tibetan Translation Tool의 약자다.

7. 티벳어 로마자[字] 표기는 와일리 표기법(Wylie system, T. V. Wylie, 1959, 'A standard system of Tibetan transcription', Harvard Journal of Asiatic studies, vol. 22, pp. 261-267)에 따라 대소문자 구분 없이 소문자로 통일한 것이다.

8. 【범】(또는) Skt.,: 산스끄리뜨어

9. 참고한 3종 한역본들은 다음과 같다.
   - 『권발제왕요게[勸發諸王要偈]』, 승가발마[僧伽跋摩] 옮김, 大正 No. 1673 [Nos. 1672, 1674].
   - 『용수보살권계왕송[龍樹菩薩勸誡王頌]』, 의정[義淨] 옮김, 大正 No. 1674 [Nos. 1672, 1673].
   - 『용수보살위선타가왕설법요게[龍樹菩薩爲禪陀迦王說法要偈]』, 구나발마[求那跋摩] 옮김, 大正 No. 1672 [Nos. 1673, 1674].

12. '이 책을 읽는 방법'은 '차례, 목차' 등을 뜻하는 '쌉쩨(sa bcad)'를 옮겨둔 것이다.

13. 본문에서 ( )는 옮긴이가 첨언한 것이다.

14. 본문에서 음역의 한자는 괄호 없이 위첨자로, 의역의 한자는 위첨자로 [ ] 안에 표기했다.

15. 본문 행의 말미에 아래 첨자로 표시된 ( ) 안의 숫자는 본문의 번호를 가리킨다.

| 차 례 |

이 책을 읽는 방법

『친구에게 보내는 편지勸誡王頌』의 내용을 둘로 나누면,

첫째, 듣기를 권유하는[聽聞] 가르침과(1-3)

둘째, 그 실질적인 가르침이다(4-123).

그 둘째인 실질적인 가르침은 셋으로 나눌 수 있는데,

A(2-1). 보편적인 선善에 대한 가르침이고(4-64),

B(2-2). 삼사라[윤회계]의 과실에서 출리심出離心을 내는 행위에 대한

　　　　(가르침)이고(65-103),

C(2-3). 열반의 이익이 되는 공덕을 생각함으로써 그 길[道]을 성취하는

　　　　것에 대한 가르침이다(104-123).

A. (그 가운데) 첫 번째(2-1)에는 세 가지가 있으니,

1(2-1-1). 재가신자와 출가자 모두에게 일반적인 가르침(4-8),

2(2-1-2). 재가신자에게 중요한 가르침(9-37),

3(2-1-3). 출가자와 재가신자 이 둘에게 각각 선취善聚와 안락의 법을

　　　　　성취하기 위한 가르침이다(38-64).

첫 번째(2-1-1)인 (재가신자와 출가자 모두에게 일반적인 가르침)에
는 세 가지가 있으니,

1(2-1-1-1). 육수념六隨念으로써 (공덕을 쌓고자 하는) 억념憶念에 머
무는 행위(에 대한 가르침)(4),

2(2-1-1-2). 보편적인 선업의 도道에 머무르는 것에 대한 가르침(5-7),

3(2-1-1-3). 육바라밀다에 머무는 것에 대한 가르침이다(8).

두 번째(2-1-2)인 (재가신자에게 중요한 가르침)에는 아홉 가지가
있으니,

1(2-1-2-1). 부모를 공경하는 행위(9),

2(2-1-2-2). 의지처에 머무는 행위(10-11),

3(2-1-2-3). 그릇[轉倒]된 생각을 버림(12),

4(2-1-2-4). 게으르지 않는[불방일] 행위(13-14),

5(2-1-2-5). 인욕에 머무는 행위(15-16),

6(2-1-2-6). (신구의) 삼문 가운데 저급한 행실을 버림(17-19),

7(2-1-2-7). 누군가 사귈만한 친구를 정의하여 이해하는 행위,

8(2-1-2-8). 타인의 아내에 대한 욕정을 버리는 것, (이 중에는 두
가지가 있으니)(21-35),

1(2-1-2-8-1). (먼저 이를) 억제하는 방법에는 세 가지가 있으니(21-27),

1(2-1-2-8-1-1). 생각을 일으켜[行] 그 부정한 것을 보는 것(21),

2(2-1-2-8-1-2). 마음을 보호하고 감각 기관의 문을 닫는 것(22-24),

3(2-1-2-8-1-3). 욕망의 대상과 그 욕망을 불러일으키는 자의
허물을 생각하는 것(25-26),

2(2-1-2-8-2). (그 다음으로 이런 욕망의) 종자를 잘라 버리는 방법

에는 여섯 가지가 있으니(27-35),

1(2-1-2-8-2-1). 그 사태를 (보는 것)(27),

2(2-1-2-8-2-2). 계속하여 지혜와 지계持戒에 대한 찬탄(28),

3(2-1-2-8-2-3). 세간법을 통해서 (그 그릇된 바를) 되돌리기(29-31),

4(2-1-2-8-2-4). (일곱 가지) 성스런 보배를 갖추기(32),

5(2-1-2-8-2-5). 그 성스런 보배의 장애를 버리기(33),

6(2-1-2-8-2-6). 원만한 상태에 만족하며 머무를 것을 가르침(34-35),

9(2-1-2-9). 자신의 아내의 좋고 나쁨을 알아 의지하는 방법이다(36-37).

세 번째(2-1-3)인 (출가자와 재가신자 이 둘에게 각각 선취와 안락의 법을 성취하기 위한 가르침)에는 세 가지가 있으니(38-64),

1(2-1-3-1). 공통적인 법의 성취(38-44),

2(2-1-3-2). 수승한 안락한 법의 성취(45-54),

3(2-1-3-3). 그것에 의지하여 (삶의) 의미를 얻기 위한 행위이다(55-64).

그 첫 번째(2-1-3-1)에는 여섯 가지가 있으니,

1(2-1-3-1-1). 음식의 적절함을 아는 것(38),

2(2-1-3-1-2). 초저녁과 새벽에는 잠자지 않는 것(39),

3(2-1-3-1-3). 사무량에 대해서 명상하기(40),

4(2-1-3-1-4). 사선정에 대해서 명상하기(41),

5(2-1-3-1-5). 업의 경중을 나누어 선악을 취사선택하는 것과 같이 행하기(42-43),

6(2-1-3-1-6). 오개五蓋를 버리기이다(44).

두 번째(2-1-3-2)인 (수승한 안락한 법의 성취)는 세 가지로,

　1(2-1-3-2-1). 가행도加行道의 오근根과 오력力에 대해서 명상하기(45),

　2(2-1-3-2-2). 그것의 장애인 교만을 버리기(46),

　3(2-1-3-2-3). 정견에 대해서 명상하기에는 (두 가지가 있으니)(47-54),

　　1(2-1-3-2-3-1). 개괄적인 설명(47),

　　2(2-1-3-2-3-2). 구체적인 해설, (그것에는 다섯 가지 구분이
　　　　있으니,)

　　　1(2-1-3-2-3-2-1). 사념주에 대해서 명상하기(48),

　　　2(2-1-3-2-3-2-2). 수승한 법(인 공)을 기억하며 그 가까이에
　　　　　머무는 것을 명상하기(49-50),

　　　3(2-1-3-2-3-2-3). 장애인 삼결三結을 버리기(51),

　　　4(2-1-3-2-3-2-4). 원만한 삼학을 배우기(52-53),

　　　5(2-1-3-2-3-2-5). 그것의 근원인 몸에 대해서 깨달은 억념憶念
　　　　　을 보호하기이다(54).

세 번째(2-1-3-3)인 (그것의 의미를 얻기 위한 행위)에는 세 가지가
　있으니(55-64),

　1(2-1-3-3-1). 몸의 무상과 그 정수가 없음을 생각하여 탐착하지
　　　않기(55-58),

　2(2-1-3-3-2). (사람으로 태어나는) 가만暇滿을 얻기 어려움을 생
　　　각하여 의미 있게 행하기(59-60),

　3(2-1-3-3-3). 특별히 왕이, 또는 의지하기 수승한 자가 되기 위한
　　　노력에 대한 가르침이다(61-64).

B(2-2). 삼사라[윤회계]의 과실에서 출리심을 내는 행위에 대한 (가르침)에는 세 가지가 있으니(65-103),

1(2-2-1). 개괄적인 설명(65),

2(2-2-2). 구체적인 해설(66-102),

3(2-2-3). 총괄적인 의미이다(103).

두 번째(2-2-2)인 (구체적인 해설)에는 일곱 가지가 있으니,

1(2-2-2-1). 확실한 것이 없는 과실(66),

2(2-2-2-2). 만족할 수 없는 과실(67),

3(2-2-2-3). 몸을 계속해서 버려야 하는 과실(68a),

4(2-2-2-4). 계속해서 상속[환생]해야 되는 것(68b),

5(2-2-2-5). 계속해서 천계와 지옥계를 오가야 되는 과실(69-75),

6(2-2-2-6). (이런 윤회를 함께 할) 동료가 없는 과실(76),

7(2-2-2-7). (인간을 제외한) 5도 중생이 확실하게 경험해야 되는 고통에 대한 과실, 그것에도 다섯 가지가 있으니(77-102),

1(2-2-2-7-1). 지옥의 고통(77-88),

2(2-2-2-7-2). 축생의 고통(89-90),

3(2-2-2-7-3). 아귀의 고통(91-97),

4(2-2-2-7-4). 천신의 고통(98-101),

5(2-2-2-7-5). 아수라의 고통이다(102).

C(2-3). 열반의 이익 되는 공덕을 생각함으로써 그 길[道]을 성취하는 것에 대한 가르침에는 두 가지가 있으니(104-123),

1(2-3-1). (대소)승 공통의 관점에서 행해야 할 바와(104-118),

2(2-3-2). 대승의 도과와 함께 성취해야 할 바에 대한 가르침이다(119-123).

그 첫 번째(2-3-1)에는 두 가지가 있으니,

　1(2-3-1-1). 이익 되는 공덕을 갖춘 열반을 증득하기 위한 말씀(104-105),

　2(2-3-1-2). 그것의 인(因)들을 성취하는 것에 대한 가르침, (그것에는

　　　　일곱 가지 구분이 있으니)(106-108),

　　1(2-3-1-2-1). 칠보리분(106),

　　2(2-3-1-2-2). 지관쌍수의 과보로 열반 증득(107),

　　3(2-3-1-2-3). 사유의 대상[소지]이 존재하지 않는 상태라는 것을

　　　　　(알고 이를) 버려 연기(실상)을 이해하기(108-112),

　　4(2-3-1-2-4). 팔정도에 대한 명상(113),

　　5(2-3-1-2-5). 도제의 소연인 (사성)제에 대한 가르침(114-115a),

　　6(2-3-1-2-6). 진리를 본[觀] 사부(대중)이 애써 노력하는 것에 의지

　　　　　함으로써 두려움을 없애기(115b-117),

　　7(2-3-1-2-7). 그것에 대한 총괄한 가르침이다(118-119a).

그 두 번째 (2-3-2)에는 (대승의 도과가 가진 성취에 대한 가르침으로)

　　두 가지가 있으니(119-123),

　1(2-3-2-1). 그 도를 행함이요(119-121),

　2(2-3-2-2). 그 과이다(122-123).

ཨོཾ།།སློབ་དཔོན་ཀླུ་སྒྲུབ་ཀྱི་བཤེས་པའི་སྤྲིངས་ཡིག་བཞུགས་སོ།།

//slob dpon klu sgrub kyi bshes pa'i springs yig bzhugs so//

아짜리아[1] 용수의 친구에게 보내는 편지勸誡王頌

산스끄리뜨어로 '수호를레카Suhṛllekha'라고 하며 티벳어로 '쎄빼 띵익bshes pa'i springs yig(친구에게 보내는 편지)'이라고 한다.[2]

【예경문】

||འཇམ་དཔལ་གཞོན་ནུར་གྱུར་པ་ལ་གུས་པས་ཕྱག་འཚལ་ལོ།།

//'jam dpal gzhon nur gyur pa la gus pas phyag 'tshal lo//

문수보살에게 경배하옵니다.[3]

1

ཡོན་ཏན་རང་བཞིན་དགེ་འོས་བདག་གིས་ནི།།
བདེ་བར་གཤེགས་པའི་གསུང་བསྙད་ལས་བྱུང་བའི།།
བསོད་ནམས་འདུན་སླད་འཕགས་པའི་དབྱངས་འདི་དག
ཅུང་ཟད་ཅིག་བསྡེབས་ཁྱོད་ཀྱིས་གསན་པའི་རིགས།།

yon tan rang bzhin dge 'os bdag gis ni//

bde bar gshegs pa'i gsung bsnyad las byung ba'i//

bsod nams 'dun slad 'phags pa'i dbyangs 'di dag/

cung zad cig bsdebs khyod kyis gsan pa'i rigs//

공덕의 본성本性으로 선善하여 존경받는 이여! 바로 제가

선서善逝4의 가르침에 따른 것으로부터 생겨나는

복덕을 갈망하기 때문에 (지은) 이 성음聖音5들은

간략한 모음이나 그대는 새겨들어 이해하시기 (바랍니다).6

2

ཇི་ལྟར་བདེ་གཤེགས་སྐུ་གཟུགས་ཤིང་ལས་ཀྱང་།།
བགྱིས་པ་ཅི་འདྲའང་རུང་སྟེ་མཁས་པས་མཆོད།།
དེ་བཞིན་བདག་གི་སྙན་ངག་འདི་ངན་ཡང་།།
དམ་ཆོས་བརྗོད་ལ་བརྟེན་སླད་སྨད་མི་བགྱི།།

ji ltar bde gshegs sku gzugs shing las kyang//

bgyis pa ci 'dra'ng rung ste mkhas pas mchod//

de bzhin bdag gi snyan ngag 'di ngan yang//

dam chos brjod la brten slad smad mi bgyi//

마치 선서의 상像이 나무나 (금붙이) 등
무엇으로 만들어졌어도 현자들이 공경하듯이
그와 같이 저의 이 게송[詩歌]7들이 보잘것없어도
성법聖法의 내용에 의지한 것이니 하찮게 여기지 마시기 바랍니다.8

3

ཐུབ་པ་ཆེན་པོའི་བཀའ་ནི་སྙན་དགུ་ཞིག །
ཁྱོད་ཀྱི་ཐུགས་སུ་ལྟ་ཡང་ཆུད་མོད་ཀྱི། །
རྡོ་ཐལ་ལས་བགྱིས་དགུང་ཟླའི་འོད་ཀྱིས་ནི། །
ཆོས་དཀར་ཉིད་དུ་ཅི་སྟེ་མི་བགྱིད་ལགས། །

thub pa chen po'i bka' ni snyan dgu zhig/

khyod kyi thugs su lta yang chud mod kyi//

rdo thal las bgyis dgung zla'i 'od kyis ni//

chos dkar nyid du ci ste mi bgyid lags//

대능인大能人[9]의 모든 감미로운 (말씀(詩歌))이

그대의 마음속에 깊이 새겨져 있다 할지라도 (이런 게송들을 더 읽는
　　것은)

(마치) 회칠이 된 (하얀 집을) 한밤의 달빛이

더욱 밝게 (비추는) 것과 같지 않겠습니까?[10]

둘째, 실질적인 가르침 가운데 A(2-1). 보편적인 선善에 대한 가르침(4-64)

1(2-1-1). 재가신자와 출가자 모두에게 일반적인 가르침(4-8)

1(2-1-1-1). 육수념六隨念으로써 (공덕을 쌓고자 하는) 억념憶念에 머무는 행위(에 대한 가르침)(4)

4

ক্রুল་བས་སངས་རྒྱས་ཆོས་དང་དགེ་འདུན་དང་།།

གཏོང་དང་ཚུལ་ཁྲིམས་ལྷ་རྗེས་དྲན་པ་དྲུག།

རབ་ཏུ་དཀའ་སྩལ་དེ་དག་སོ་སོ་ཡི།།

ཡོན་ཏན་ཚོགས་ཀྱིས་རྗེས་སུ་དྲན་པར་བགྱི།།

rgyal bas sangs rgyas chos dang dge 'dun dang//

gtong dang tshul khrims lha rjes dran pa drug/

rab tu bka' stsal de dag so so yi//

yon tan tshogs kyis rjes su dran par bgyi//

승자勝者께서는 불법과 승가와

베풂[捨]과 지계, 천신天神, 이 육수념六隨念[11]들(에 대한)

매우 (진귀한) 가르침을 베푸셨으니 그것들 각자의

공덕들을 명심하시기 바랍니다.[12]

5

དགེ་བའི་ལས་ལམ་བཅུ་པོ་ལུས་དང་ནི།།
ངག་དང་ཡིད་ཀྱིས་རྟག་ཏུ་བསྟེན་བགྱི་ཞིང་།།
ཆང་རྣམས་ལས་ལྡོག་དེ་བཞིན་དགེ་བ་ཡི།།
འཚོ་བ་ལ་ཡང་མངོན་པར་དགེས་པར་མཛོད།།

dge ba'i las lam bcu po lus dang ni//

ngag dang yid kyis rtag tu bsten bgyi zhing//

chang rnams las ldog de bzhin dge ba yi//

'tsho ba la yang mdon par dges par mdzod//

선업^{善業}의 십도^{十道13}에 몸과
말과 뜻[身口意]¹⁴으로 항상 수행하시고¹⁵
술 등을¹⁶ 피하는, 이와 같이 선한
생활을 확실한 기쁨[善]¹⁷으로 삼으십시오.

6

ལོངས་སྤྱོད་གཡོ་བ་སྙིང་པོ་མེད་མཁྱེན་ནས། །
དགེ་སློང་བྲམ་ཟེ་བཀྲེན་དང་བཤེས་རྣམས་ལ། །
སྦྱིན་པ་ཚུལ་བཞིན་སྩལ་བགྱི་ཕ་རོལ་ཏུ། །
སྦྱིན་ལས་གཞན་པའི་གཉེན་མཆོག་མ་མཆིས་སོ། །

longs spyod gyo ba snying po med mkhyen nas//
dge slong bram ze bkren dang bshes rnams la//
sbyin pa tshul bzhin stsal bgyi pha rol tu//
sbyin las gzhan pa'i gnyen mchog ma mchis so//

재물이란 덧없고 실체가 없는 것임을[18] 이해하시어
승려, 브라흐만, 거지와 친구들에게
보시를 적절하게[19] 베푸십시오. 피안彼岸을 향해서는
보시보다[20] 더 빼어난 다른 어떤 친구도 없습니다.[21]

ཁྱོད་ཀྱིས་ཚུལ་ཁྲིམས་མ་ཉམས་མོད་མི་དམའ།།
མ་འདྲེས་མ་སྦགས་པ་དག་བསྟེན་པར་མཛོད།།
ཁྲིམས་ནི་རྒྱུ་དང་མི་རྒྱུའི་ས་བཞིན་དུ།།
ཡོན་ཏན་ཀུན་གྱི་གཞི་སྟེན་ལགས་པར་གསུངས།།

khyod kyis tshul khrims ma nyams mod mi dma'//

ma 'dres ma sbags pa dag bsten par mdzod//

khrims ni rgyu dang mi rgyu'i sa bzhin du//

yon tan kun gyi gzhi sten lags par gsungs//

그대는 지계持戒, (이) 악화되지 않고 높고 낮지도 않고
오염되지 않고 혼잡하지 않은 것들[22]을 수행해야 합니다.
계戒는 (살아) 움직이는 것과 움직이지 않는 것이 (모두) 땅에 (의지하는)
　것처럼
모든 공덕의 근본이라고 (부처님께서) 말씀하셨습니다.

8

སྦྱིན་དང་ཚུལ་ཁྲིམས་བཟོད་བཙོན་བསམ་གཏན་དང་།།
དེ་བཞིན་ཤེས་རབ་གཞལ་མེད་ཕ་རོལ་ཕྱིན།།
འདི་དག་རྒྱས་མཛོད་སྲིད་པའི་རྒྱ་མཚོ་ཡི།།
ཕ་རོལ་ཕྱིན་པ་རྒྱལ་བའི་དབང་པོར་མཛོད།།

sbyin dang tshul khrims bzod btson bsam gtan dang//

de bzhin shes rab gzhal med pha rol phyin//

'di dag rgyas mdzod srid pa'i rgya mtsho yi//

pha rol phyin pa rgyal ba'i dbang por mdzod//

보시와 지계, 인욕, 정진, 선정[23]과
지혜, 이와 같은 것은 한없는[無量] 바라밀다이니
이것들을 완전히 행하십시오. (그리하여 생사) 윤회의 대해[大海]의
저 편으로 건너가는[24] 최승자[最勝者][25]가 되십시오.[26]

2(2-1-2). 재가신자에게 중요한 가르침(9-37)
1(2-1-2-1). 부모를 공경하는 행위(9)

9

གང་ལ་ཕ་དང་མ་དག་མཆོད་པ་ཡི།།
རིགས་དེ་ཚངས་བཅས་སློབ་དཔོན་བཅས་པ་ལགས།།
དེ་དག་ལ་མཆོད་གྲགས་པར་འགྱུར་བ་དང་།།
སླད་མ་ལ་ཡང་མཐོ་རིས་འགྱུར་བ་ལགས།།

gang la pha dang ma dag mchod pa yi//
rigs de tshangs bcas slob dpon bcas pa lags//
de dag la mchod grags par 'gyur ba dang//
slad ma la yang mtho ris 'gyur ba lags//

어떤 (가문이든) 부모[27]를 공경하는
그 가문은 브라흐만(과 같은 신들)과 스승(들)이 (함께 하는 게) 갖춰져
    있습니다.
그 (가문의 식솔)들에게는 (금생에서는) 최고의 공경이 되는 것과
후생에서는 (더 나아가) 천계의 (천신들이) 되는 것이 (갖춰져) 있습니
    다.[28]

10

འཚེ་དང་ཆོམ་རྐུན་འཁྲིག་པ་བརྫུན་དང་ནི།།
ཆང་དང་དུས་མིན་ཟས་ལ་ཆགས་པ་དང་།།
མལ་སྟན་མཐོ་ལ་དགའ་དང་གླུ་དག་དང་།།
གར་དང་འཕྲེང་བའི་ཁྱད་པར་རྣམས་སྤང་ཞིང་།།

'tshe dang chom rkun 'khrig pa brdzun dang ni//

chang dang dus min zas la chags pa dang//

mal stan mtho la dga' dang glu dag dang//

gar dang 'phreng ba'i khyad par rnams spang zhing//

위해危害를 가하는 것과[29] 도둑질, (부적절한) 성교[30], 거짓말과
(지나친) 음주[31]와 부적당한 때 음식을 탐하는 것과
높은 자리를 좋아하는 것과 (그런 자리에서나 즐길 수 있는) 노래들과
춤과 목걸이 (등의) 화려한[32] 것들을 버리고

དགྲ་བཅོམ་ཚུལ་ཁྲིམས་རྗེས་སུ་བྱེད་པ་ཡི། །
ཡན་ལག་བརྒྱད་པོ་འདི་དག་དང་ལྡན་ན། །
གསོ་སྦྱོང་འདོན་སྤྱོད་ལྷ་ལུས་ཡིད་འོང་བ། །
སྐྱེས་པ་བུད་མེད་དག་ལ་སྩོལ་བར་བགྱིད། །

dgra bcom tshul khrims rjes su byed pa yi//
yan lag brgyad po 'di dag dang ldan na//
gso sbyong 'don spyod lha lus yid 'ong ba//
skyes pa bud med dag la stsol bar bgyid//

아라한의 계율에 따라 행하는
이 팔재계[八齋戒][33]들을 갖추고[34]
포살[35]을 기쁘게 행하(면), 천신의 몸과 마음이 후생에
남녀들에게 주어집니다.

3(2-1-2-3). 그릇[轉倒]된 생각을 버림(12)

12

སེར་སྣ་གཡོ་སྒྱུ་ཆགས་དང་སྙོམས་ལས་དང་།།
མངོན་པའི་ང་རྒྱལ་འདོད་ཆགས་ཞེ་སྡང་དང་།།
རིགས་དང་གཟུགས་དང་ཐོས་པ་ལང་ཚོ་དང་།།
དབང་ཐང་ཆེ་བས་རྒྱགས་པ་དགྲ་བཞིན་གཟིགས།།

ser sna gyo sgyu chags dang snyoms las dang//
mngon pa'i nga rgyal 'dod chags zhe sdang dang//
rigs dang gzugs dang thos pa lang tsho dang//
dbang thang che bas rgyags pa dgra bzhin gzigs//

인색함[慳], 아첨하는 짓[諂], 속이는 짓[誑], 욕심과 게으름[懈怠][36]과
자만[慢], 탐욕[貪], 성냄[瞋]과
가문과 용모와 배움, 젊음과
큰 권력에 의한 교만을 원수처럼 여기십시오.[37]

4(2-1-2-4). 게으르지 않는[불방일] 행위(13-14)

13

བག་ཡོད་བདུད་རྩིའི་གནས་ཏེ་བག་མེད་པ།།
འཆི་བའི་གནས་སུ་ཐུབ་པས་བཀའ་སྩལ་ཏེ།།
དེ་བས་ཁྱོད་ཀྱི་དགེ་ཆོས་སྤེལ་སླད་དུ།།
གུས་པས་རྟག་ཏུ་བག་དང་བཅས་པར་མཛོད།།

bag yod bdud rtsi'i gnas te bag med pa//

'chi ba'i gnas su thub pas bka' stsal te//

de bas khyod kyi dge chos spel slad du//

gus pas rtag tu bag dang bcas par mdzod//

게으르지 않음[不放逸]은 불사[不死=甘露]의 근본이고 게으름은
죽음이 머무는 곳[死處]이라[38] 능인께서 이르셨으니
그러므로 그대의 선법[善法]을 증장하기 위해서
(법을) 공경하는 것을 항상 음식으로 삼으십시오.[39]

14

གང་ཞིག་སྔོན་ཆད་བག་མེད་གྱུར་པ་ལས།།
ཕྱི་ནས་བག་དང་ལྡན་པར་གྱུར་དེ་ཡང་།།
ཟླ་བ་སྤྲིན་བྲལ་ལྟ་བུར་རྣམ་མཛེས་ཏེ།།
དགའ་བོ་སོར་ཕྲེང་མཐོང་ལྡན་བདེ་བྱེད་བཞིན།།

gang zhig sdon chad bag med gyur pa las//
phyi nas bag dang ldan par gyur de yang//
zla ba sprin bral lta bur rnam mdzes te//
dga' bo sor phreng mthong ldan bde byed bzhin//

누군가 이전에 방일放逸했어도
이후에 애써 정진[40]했다(면) 그 역시
달이 (구름에서) 벗어나듯 매우 수려하게 됩니다. 마치
난다, 앙굴라마라, 아자따샤뜨루, 우다야나처럼.[41]

15

 འདི་ལྟར་བཟོད་མཚུངས་དཀའ་ཐུབ་མ་མཆིས་པས།།
ཁྱོད་ཀྱིས་ཁྲོ་བའི་གོ་སྐབས་དབྱེ་མི་བགྱི།།
ཁྲོ་བ་སྤངས་པས་ཕྱིར་མི་ལྡོག་པ་ཉིད།།
ཐོབ་པར་འགྱུར་བར་སངས་རྒྱས་ཞལ་གྱིས་བཞེས།།

'di ltar bzod mtshungs dka' thub ma mchis pas//

khyod kyis khro ba'i go skabs dbye mi bgyi//

khro ba spangs pas phyir mi ldog pa nyid//

thob par 'gyur bar sangs rgyas zhal gyis bzhes//

이와 같은 (정진 가운데) 인욕[42] 같은 용맹정진은 없으니
그대는 분심忿心[43]이 (생겨날) 기회를 주지 마십시오.[44]
"분심 (이 하나만) 버려도 불환과不還果[45] 자체를
얻게 된다"고 부처님께서 말씀하셨습니다.

16

བདག་ནི་འདིས་སྤྱོས་འདིས་བཏགས་ཕམ་པར་བྱས།།

འདི་ཡིས་བདག་ནོར་འཕྲོགས་པར་གྱུར་ཏོ་ཞེས།།

འཁོན་དུ་འཛིན་པས་འཁྲུག་ལོང་རྣམས་བསྐྱེད་དེ།།

འཁོན་འཛིན་རྣམས་སྤངས་བདེ་བར་གཉིད་ཀྱིས་ལོག

bdag ni 'dis spyos 'dis btags pham par byas//

'di yis bdag nor 'phrogs par gyur to zhes//

'khon du 'dzin pas 'khrug long rnams bskyed de//

'khon 'dzin rnams spangs bde bar gnyid kyis log/

"나에게 이(놈)이 욕했다. 이(놈)이 때렸다. (이놈에게) 졌다.
이(놈)이 내 재물을 훔쳐갔다"고 말하는 것은
원한[恨]46을 가지게 하여 분란들을 일으키니
원한들을 버리고 편안하게 주무십시오.47

17

སེམས་ནི་ཆུ་དང་ས་དང་རྡོ་བ་ལ།།
རི་མོ་བྲིས་པ་དེ་འདྲར་རིག་པར་བགྱི།།
དེའི་ནང་ཉོན་མོངས་ཅན་ལ་དང་པོ་ནི།།
མཆོག་སྟེ་ཆོས་འདོད་རྣམས་ལ་ཐ་མ་ལགས།།

sems ni chu dang sa dang rdo ba la//

ri mo bris pa de 'drar rig par bgyi//

de'i nang nyon mongs can la dang po ni//

mchog ste chos 'dod rnams la tha ma lags//

마음은 물과 흙과 돌에

그림을 그리는 것과 같음을 이해하십시오.

그 가운데 번뇌에 물든 자(들)에게는 첫 번째가

최고이고 법을 갈망하는 자들에게는 마지막이 (최고)이지요.[48]

18

རྒྱལ་བས་སྙིང་ལ་འབབ་དང་བདེན་པ་དང་།།
ལོག་པར་སྨྲ་ལྡན་སྐྱེས་བུ་རྣམས་ཀྱི་ནི།།
སྦྲང་རྩི་མེ་ཏོག་མི་གཙང་ལྟ་བུའི་ཚིག།
རྣམ་གསུམ་བཀའ་སྩལ་དེ་ལས་ཐ་མ་སྤང་།།

rgyal bas snying la 'bab dang bden pa dang//
log par smra ldan skyes bu rnams kyi ni//
sbrang rtsi me tog mi gtsang lta bu'i tshig/
rnam gsum bka' stsal de las tha ma spang//

승자께서는 마음에 드는 (아름다운) 말과[49] 진실된 말과
그릇된 말을 갖춘 사람들의 (각각의 말에 대해서)
꿀, 꽃, 똥과 같은 말이라는 (비유를 들어)
(이) 세 가지(에 대해서) 말씀하셨으니 그 가운데 마지막은 (반드시) 버려야 합니다.[50]

19

སྣང་ནས་སྣང་བའི་མཐར་ཐུག་མུན་པ་ནས།།

མུན་པའི་མཐར་ཐུག་སྣང་ནས་མུན་མཐར་ཐུག།

མུན་ནས་སྣང་བའི་མཐར་ཐུག་གང་ཟག་ནི།།

བཞི་སྟེ་དེ་དག་རྣམས་ཀྱི་དང་པོ་མཛོད།།

snang nas snang ba'i mthar thug mun pa nas//

mun pa'i mthar thug nas mun mthar thug/

mun nas snang ba'i mthar thug gang zag ni//

bzhi ste de dag rnams kyi dang po mdzod//

밝음[明]으로부터 궁극[究竟][51]의 밝음이, 어둠[闇]으로부터
궁극의 어둠이, 밝음으로부터 궁극의 어둠이,
어둠으로부터 궁극의 밝음이[52] (생기는) 유정有情[53]
그 네 가지 (종류)들 가운데 첫 번째가 되어야 합니다.[54]

20

མི་ནི་ཨ་མྲའི་འབྲས་བཞིན་མ་སྨིན་ལ།།
སྨིན་པ་དང་འདྲ་སྨིན་ལ་མ་སྨིན་འདྲ།།
མ་སྨིན་མ་སྨིན་པར་སྣང་སྨིན་ལ་ནི།།
སྨིན་པར་སྣང་ཞེས་བགྱི་བར་འདྲར་རྟོགས་མཛོད།།

mi ni a mra'i 'bras bzhin ma smon la//

smin pa dang 'dra smin la ma smin 'dra//

ma smin ma smin par snang smin la ni//

smin par snang zhes bgyi bar 'drar rtogs mdzod//

"사람(들)은[55] 망고 과일처럼[56] 익지 않고서도
익은 것처럼 (보이고), 익었으면서도 익지 않은 것처럼 (보이고),
익지 않아서 익지 않은 것처럼 겉으로 (보이고), 익어서
익은 것처럼 겉으로 (보인다)"는 이런 (비유)처럼 (여러 사람들을) 이해
  해야 합니다.[57]

8(2-1-2-8). 타인의 아내에 대한 욕정을 버리는 것,

1(2-1-2-8-1). (먼저 이를) 억제하는 방법(21-27),

1(2-1-2-8-1-1). 생각을 일으켜[行] 그 부정한 것을 보는 것(21)

21

གཞན་གྱི་ཆུང་མར་མི་བལྟ་མཐོང་ན་ཡང་།།

ན་ཚོད་མཐུན་པར་མ་དང་བུ་མོ་དང་།།

སྲིང་མོའི་འདུ་ཤེས་བསྐྱེད་བགྱི་ཆགས་གྱུར་ན།།

མི་གཙང་ཉིད་དུ་ཡང་དག་བསམ་པར་བགྱི།།

gzhan gyi chung mar mi blta mthong na yang//

na tshod mthun par ma dang bu mo dang//

sring mo'i 'du shes bskyed bgyi chags gyur na//

mi gtsang nyid du yang dag bsam par bgyi//

남의 아내를 눈여겨보지 마십시오. 만약 (우연찮게) 눈에 띄었어도[58]
(그) 나이에 걸맞게 어머니와 딸과
여동생에 대한 생각[行]을[59] 일으키십시오. (그래도) 욕정이 일어났다면
(그 여인의 몸을 이루고 있는) 모든 부정[不淨]한 것들에 대해서 생각하십시
오.[60]

22

གཡོ་བའི་སེམས་ནི་ཐོས་མཚུངས་བུ་ལྟ་བུར།།
གཏེར་བཞིན་སྲོག་དང་འདྲ་བར་བསྲུང་བགྱི་སྟེ།།
གདུག་པ་དུག་དང་མཚོན་དང་དགྲ་བོ་དང་།།
མེ་བཞིན་འདོད་པའི་བདེ་ལ་ཡིད་འབྱུང་མཛོད།།

gyo ba'i sems ni thos mtshungs bu lta bur//
gter bzhin srog dang 'dra bar bsrung bgyi ste//
gdug pa dug dang mtshon dang dgra bo dang//
me bzhin 'dod pa'i bde la yid 'byung mdzod//

바로 (이) 동요하는 마음을 (귀중한) 문혜[聞慧][61] 같이, 아들처럼
보물처럼, 목숨처럼 보호하십시오.[62]
(그리고 해를 끼치는) 독사와 무기와 원수와
불처럼 (여겨 이) 욕망[貪][63]의 기쁨을 버리십시오.[64]

23

འདོད་པ་རྣམས་ནི་ཕུང་བ་བསྐྱེད་པ་སྟེ།།
རྒྱལ་བའི་དབང་པོས་ཀིམ་པའི་འབྲས་འདྲར་གསུངས།།
དེ་དག་སྤང་བགྱི་དེ་ཡི་ལྕགས་སྒྲོག་གིས།།
འཁོར་བའི་བཙོན་རྭར་འཇིག་རྟེན་འདི་དག་བཅིངས།།

'dod pa rnams ni phung ba bskyed pa ste//

rgyal ba'i dbang pos kim pa'i 'bras 'drar gsungs//

de dag spang bgyi de yi lcags sgrog gis//

'khor ba'i btson rwar 'jig rten 'di dag bcings//

바로 (이) 욕망[貪] 등[65]이 (모든) 화근을 일으키는 것이라서
최승자께서 낌부Kimbu 열매[66]와 같다고 말씀하셨습니다.
(그러니) 그것들을 (빨리) 버리십시오. 그것(들)의 쇠사슬은
윤회의 감옥[67]으로, 이 세간世間들에 (우리를) 묶어둡니다.

གང་དག་དབང་པོ་དྲུག་ཡུལ་རྣམས་ལ་ནི།།
ཐག་ཏུ་མི་བརྟན་གཡོ་དང་གང་དག་ཅིག།
གཡུལ་ངོར་དགྲ་ཚོགས་ལས་རྒྱལ་དེ་དག་ལས།།
མཁས་རྣམས་དང་པོ་དཔའ་རབ་ལགས་པར་འཚལ།།

gang dag dbang po drug yul rnams la ni//

rtag tu mi brtan gyo dang gang dag cig/

gyul ngor dgra tshogs las rgyal de dag las//

mkhas rnams dang po dpa' rab lags par 'tshal//

어떤 사람이 바로 (이) (감각기관인 육근六根)의 여섯 대상[境]들[68]에
항상 의존하지 않는[69] (반면에), (항상) 동요하는[70] 다른 어떤 사람이
전쟁터에서 적의 무리에게 승리했다면, 그들 가운데
현자들은 첫 번째를 최고의 용사라며 존경합니다.[71]

3(2-1-2-8-1-3). 욕망의 대상과 그 욕망을 불러일으키는 자의 허물을 생각
하는 것(25-26)

25

བུད་མེད་གཞོན་ནུའི་ལུས་ནི་ལོགས་ཤིག་ཏུ།།
དྲི་ང་བ་དང་སྒོ་དགུ་དོད་པ་དང་།།
མི་གཙང་ཀུན་སྣོད་འདྲ་བ་དགང་དཀའ་དང་།།
པགས་པས་གཡོགས་པར་རྒྱན་ཡང་ལོགས་ཤིག་གཟིགས།།

bud med gzhon nu'i lus ni logs shig tu//

dri nga ba dang sgo dgu dod pa dang//

mi gtsang kun snod 'dra ba dgang dka' dang//

pags pas gyogs par rgyan yang logs shig gzigs//

(비록 아름답게 보여도) 젊은 여자의 몸, (그) 곁에서는

악취(만 풍기)고 아홉 가지 구멍[九門](에서는 온갖 더러운 것들이) 흘러나
오고[72]

(그) 모든 더러운 것(들)을 (담고 있는) 그릇과 같은 (그 안은) 채우기
힘들 뿐이니

피부(나 화장품, 장신구)로 가려 꾸며져 있어도 (그) 겉을 (주의 깊게)
살펴보십시오.[73]

ཇི་ལྟར་མཛེ་ཅན་སྲིན་བུས་ཉེན་པ་ནི།།
བདེ་བའི་དོན་དུ་མེ་ལ་ཀུན་བསྟེན་ཀྱང་།།
ཞི་བར་མི་འགྱུར་དེ་དང་འདྲ་བར་ནི།།
འདོད་པ་རྣམས་ལ་ཆགས་པའང་མཁྱེན་པར་མཛོད།།

ji ltar mdze can srin bus nyen pa ni//
bde ba'i don du me la kun bsten kyang//
zhi bar mi 'gyur de dang 'dra bar ni//
'dod pa rnams la chags pa'ng mkhyen par mdzod//

마치 나병환자가 벌레에 (물려) 아파
편해질 목적으로 불을 완전히 친밀하게 (여겨)도
(결코) 평온하게 될 수 없는 것처럼, 바로 그와 같이
욕망[貪] 등에 집착하는 것 또한 이해하셔야 합니다.[74]

2(2-1-2-8-2). (이런 욕망의) 종자를 잘라 버리는 방법에는 여섯 가지가
  있으니(27-35),
1(2-1-2-8-2-1). 그 사태를 (보는 것)(27)

27

དོན་དམ་གཟིགས་པར་བགྱི་སླད་དངོས་རྣམས་ལ།།
ཚུལ་བཞིན་ཡིད་ལ་བགྱིད་པ་དེ་གོམས་མཛོད།།
དེ་དང་འདྲ་བར་ཡོན་ཏན་ལྡན་པ་ཡི།།
ཆོས་གཞན་འགའ་ཡང་མཆིས་པ་མ་ལགས་སོ།།

don dam gzigs par bgyi slad dngos rnams la//

tshul bzhin yid la bgyid pa de goms mdzod//

de dang 'dra bar yon tan ldan pa yi//

chos gzhan 'ga' yang mchis pa ma lags so//

진제眞諦를 관觀하기[75] 위해서는 사태事態[76]들에 대해서
합리적인 방법에 따라[如理] 마음[意]을 움직이는 그것에 익숙해져야[첩]
  합니다.
그와 같이 (행하면) 공덕을 갖춘
다른 어떤 현상[法]들(마저)도 존재하지 않게 됩니다.[77]

28

སྐྱེས་བུ་རིགས་གཟུགས་ཐོས་དང་ལྡན་རྣམས་ཀྱང་།།
ཤེས་དང་ཚུལ་ཁྲིམས་བྲལ་བ་བཀུར་མ་ལགས།།
དེ་ལྟས་གང་ལ་ཡོན་ཏན་འདི་གཉིས་ལྡན།།
དེ་ནི་ཡོན་ཏན་གཞན་དང་བྲལ་ཡང་མཆོད།།

skyes bu rigs gzugs thos dang ldan rnams kyang//

shes dang tshul khrims bral ba bkur ma lags//

de ltas gang la yon tan 'di gnyis ldan//

de ni yon tan gzhan dang bral yang mchod//

(어떤) 사람이 (좋은) 가문, 몸매, 문혜聞慧 등을 갖추었어도
지혜와 지계持戒가 결여되어 (있으면) 존경받지 못합니다.
그렇지만[78] 누구라도 이 두 공덕을 갖추고 있으면
바로 그에게 다른 공덕(들)이 결여되어 있어도 (다른 사람들이 그를)
　공경합니다.

29

 འཇིག་རྟེན་མཁྱེན་པ་རྙེད་དང་མི་རྙེད་དང་།།
བདེ་དང་མི་བདེ་སྙན་དང་མི་སྙན་དང་།།
བསྟེད་སྨད་ཅེས་བགྱི་འཇིག་རྟེན་ཆོས་བརྒྱད་པོ།།
བདག་གི་ཡིད་ཡུལ་མིན་པར་མགོ་སྙོམས་མཛོད།།

'jig rten mkhyen pa rnyed dang mi rnyed dang//

bde dang mi bde snyan dang mi snyan dang//

bsted smad ces bgyi 'jig rten chos brgyad po//

bdag gi yid yul min par mgo snyoms mdzod//

세간世間을 (잘) 이해하시는 이여! '이익과 불이익과

행복과 불행, 명예와 불명예와

칭찬, 비난'[79]이라 부르는 세간팔법世間八法[80]을

자신의 (공덕을 쌓은) 마음 대상[意境]에 예외 없이 동등하게 적용하십시

오.[81]

30

ཁྱོད་ཀྱིས་བྲམ་ཟེ་དགེ་སློང་ལྷ་དང་ནི།།
མགྲོན་དང་ཡབ་ཡུམ་སྲས་དང་བཙུན་མོ་དང་།།
འཁོར་གྱི་སླད་དུ་འང་སྡིག་པ་མི་བགྱི་སྟེ།།
དམྱལ་བའི་རྣམ་སྨིན་སྐལ་ནོད་འགའ་མ་མཆིས།།

khyod kyis bram ze dge slong lha dang ni//

mgron dang yab yum sras dang btsun mo dang//

'khor gyi slad du'ng sdig pa mi bgyi ste//

dmyal ba'i rnam smin skal nod 'ga' ma mchis//

그대는 브라흐만, 승려, 천신과

손님과 부모 자식과 여왕과

권속을 위해서뿐만 아니라 (자기 자신을 위해서라도) 죄악을 짓지 마십
  시오. 왜냐하면

아무도 지옥의 과보[異熟]를 나누어 받을 수 없기 (때문입니다).[82]

སྡིག་པའི་ལས་རྣམས་སྤྱད་པ་འགའ་ཡང་ནི།།
དེ་ཡི་མོད་ལ་མཚོན་བཞིན་མི་གཅོད་ཀྱང་།།
འཆི་བའི་དུས་ལ་བབ་ན་སྡིག་པ་ཡི།།
ལས་ཀྱི་འབྲས་བུ་གང་ལགས་མངོན་པར་འགྱུར།།

sdig pa'i las rnams spyad pa 'ga' yang ni//

de yi mod la mtshon bzhin mi gtsod kyang//

'chi ba'i dus la bab na sdig pa yi//

las kyi 'bras bu gang lags mngon par 'gyur//

악업들을 저지른 것이 비록 약간일지라도,
그것의 (과보가) 갑작스럽게 (날카로운) 창검처럼 (자신을) 자르지 않
　을지라도,
죽을 때가 되면[83] 죄악의
업의 결과[業報]는 무엇으로든 있다는 게[84] 확실해집니다.

32

དད་དང་ཚུལ་ཁྲིམས་གཏོང་དང་ཐོས་པ་དང་།།
དྲི་མེད་ངོ་ཚ་ཤེས་དང་ཁྲེལ་ཡོད་དང་།།
ཤེས་རབ་ནོར་བདུན་ལགས་པར་ཐུབ་པས་གསུངས།།
ནོར་གཞན་ཕལ་པ་དོན་མ་མཆིས་རྟོགས་མཛོད།།

dad dang tshul khrims gtong dang thos pa dang//

dri med ngo tsha shes dang khrel yod dang//

shes rab nor bdun lags par thub pas gsungs//

nor gzhan phal pa don ma mchis rtogs mdzod//

‘(삼보에 대한) 믿음[信]과 지계, 베풂[捨]과 문혜[聞慧]와

(한 점) 티끌 없는[85] (스스로) 부끄러워하는 마음[慚]과 (타인에게) 부끄
   러워하는 마음[愧][86]과

지혜가 칠재[七財][87]이다’라고 능인께서 말씀하셨습니다.

(그러니) 다른 평범한 재물(들)은 의미가 없음을 깨달으시기 바랍니다.

33

 རྒྱན་པོ་འགྱེད་དང་འདུས་ལ་བལྟ་བ་དང་།།
ལེ་ལོ་སྡིག་པའི་གྲོགས་ལ་བརྟེན་པ་དང་།།
ཆང་དང་མཚན་མོ་རྒྱུ་བ་ངན་སོང་བ།།
གྲགས་པ་ཉམས་པར་འགྱུར་བ་དེ་དྲུག་སྤོང་།།

rgyan po 'gyed dang 'dus la blta ba dang//

le lo sdig pa'i grogs la brten pa dang//

chang dang mtshan mo rgyu ba ngan song ba//

grags pa nyams par 'gyur ba de drug spong//

노름하는 것과 (떠들썩한 축제와 같은) 모임을 (즐겨) 보는 것과
게으름, 나쁜 친구에게 의지하는 것과
술과 밤에 배회하는 것은 (후생에는) (삼)악도^{惡道}로 (떨어지고)
(금생에는) 명성이 악화되는 (원인이니) 그 여섯을 버리십시오.

34

ནོར་རྣམས་ཀུན་གྱི་ནང་ནས་ཆོག་ཤེས་པ།།
རབ་མཆོག་ལགས་པར་ལྷ་མིའི་སྟོན་པས་གསུངས།།
ཀུན་ཏུ་ཆོག་ཤེས་མཛོད་ཅིག་ཆོག་མཁྱེན་ན།།
ནོར་མི་བདོག་ཀྱང་ཡང་དག་འབྱོར་པ་ལགས།།

nor rnams kun gyi nang nas chog shes pa//

rab mchog lags par lha mi'i ston pas gsungs//

kun tu chog shes mdzod cig chog mkhyen na//

nor mi bdog kyang yang dag 'byor pa lags//

'모든 재물들 가운데 만족이
최고이다'라고 천인사[88]께서 말씀하셨습니다.
(그러니) 항상 만족하십시오. 만족할 줄 알면[89]
재물을 가지고 있지 않아도 진실로 부유한 것입니다.

དེས་པ་བདོག་མང་ཇི་ལྟར་སྡུག་བསྔལ་བ།།
འདོད་པ་ཆུང་རྣམས་དེ་ལྟ་མ་ལགས་ཏེ།།
ཀླུ་མཆོག་རྣམས་ལ་མགོ་བོ་ཇི་སྙེད་པ།།
དེ་ལས་བྱུང་བའི་སྡུག་བསྔལ་དེ་སྙེད་དོ།།

des pa bdog mang ji ltar sdug bsngal ba//

'dod pa chung rnams de lta ma lags te//

klu mchog rnams la mgo bo ji snyed pa//

de las byung ba'i sdug bsngal de snyed do//

오 자애로운 (왕)이시여! 가진 게 많은 것은 이에 따라 고통이 (큰
  반면에)
적은 것[90]을 탐하는 이들은 그렇지 않다는 것은
용왕들에게 머리가 그처럼 많아
그로부터 생기는 고통이 그처럼 많은 것과 (같습니다).[91]

36

རང་བཞིན་དགྲར་འབྲེལ་གཤེད་མ་ལྟ་བུ་དང་།།
ཁྱིམ་ཐབ་བརྙས་བྱེད་རྗེ་མོ་ལྟ་བུ་དང་།།
ཆུང་དུའང་རྐུ་བ་ཆོམ་རྐུན་ལྟ་བུ་ཡི།།
ཆུང་མ་གསུམ་པོ་དེ་དག་རྣམ་པར་སྤང་།།

rang bzhin dgrar 'brel gshed ma lta bu dang//
khyim thab brnyas byed rje mo lta bu dang//
chung ngu'ng rku ba chom rkun lta bu yi//
chung ma gsum po de dag rnam par spang//

천성이 원수와 연관된 살인자와 같고
남편을 업신여기는 짓이 여왕과 같고
아주 작은 것이라도 훔치려는 도둑과 같은
그런 세 가지 아내들은 철저하게 버리십시오.[92]

སྲིང་མོ་ལྟ་བུར་རྗེས་མཐུན་གང་ཡིན་དང་།།
མཛའ་མོ་བཞིན་དུ་སྙིང་ལ་འབབ་པ་དང་།།
མ་བཞིན་ཕན་པར་འདོད་དང་བྲན་མོ་བཞིན།།
དབང་གྱུར་གང་ཡིན་རིགས་ཀྱི་ལྷ་བཞིན་བཀུར།།

sring mo lta bur rjes mthun gang yin dang//
mdza' mo bzhin du snyeng la 'bab pa dang//
ma bzhin phan par 'dod dang bran mo bzhin//
dbang gyur gang yin rigs kyi lha bzhin bkur//

오누이처럼 (순하게) 따르는 어떤 이와
여자 친구처럼 진심을 다하고
어머니처럼 도와주려 애쓰고 (성실한) 하녀처럼
복종하는 어떤 이가 있다면 일족의 보호존[93]처럼 공경하십시오.[94]

3(2-1-3). 출가자와 재가신자 이 둘에게 각각 선취^{善聚}와 안락의 법을 성취하기 위한 가르침(38-64)

1(2-1-3-1). 공통적인 법의 성취(38-44)

1(2-1-3-1-1). 음식의 적절함을 아는 것(38)

38

ཁ་ཟས་སྨན་དང་འདྲ་བར་རིགས་པ་ཡིས།།
འདོད་ཆགས་ཞེ་སྡང་མེད་པར་བསྟེན་བགྱི་སྟེ།།
རྒྱགས་ཕྱིར་མ་ལགས་བསྙེམས་པའི་ཕྱིར་མ་ལགས།།
མཚག་ཕྱིར་མ་ལགས་ལུས་གནས་འབའ་ཞིག་ཕྱིར།།

kha zas sman dang 'dra bar rigs pa yis//
'dod chags zhe sdang med par bsten bgyi ste//
rgyags phyir ma lags bsnyems pa'i phyir ma lags//
mtshag phyir ma lags lus gnas 'ba' zhig phyir//

음식을 약처럼 이해하여
탐욕[貪], 분노[瞋]가 없게 친밀해지십시오. 왜냐하면
(음식은 육체적인) 힘을 (자랑하기) 위해서도 아니고 오만을 위해서도
  아니고
(외모의) 아름다움을 (뽐내기) 위해서도 아닌 다만 몸을 유지하기 (위한
  것이기 때문입니다).[95]

39

 རིགས་པའི་བདག་ཉིད་ཉིན་པར་མཐའ་དག་དང་།།
མཚན་མོའི་ཐུན་གྱི་སྟོད་སྨད་འདས་ན་ནི།།
མནལ་ཚེའང་འབྲས་བུ་མེད་པར་མི་འགྱུར་བར།།
དྲན་དང་ལྡན་པར་དེ་དག་བར་དུ་མནོལ།།

rigs pa'i bdag nyid nyin par mtha' dag dang//
mtshan mo'i thun gyi stod smad 'das na ni//
mnal tshe'ng 'bras bu med par mi 'gyur bar//
dran dang ldan par de dag bar du mnol//

오 도리를 아시는 이여![96] 한낮과
밤의[97] 처음과 마지막은 지나치고[98]
(한밤중에) 주무실 때라도 무의미하게[99] 하지 말고
(선업에 대해서) 유념하면서 그 동안에 주무십시오.[100]

3(2-1-3-1-3). 사무량에 대해서 명상하기₍₄₀₎

40

བྱམས་དང་སྙིང་རྗེ་དག་དང་དགའ་བ་དང་།།
བཏང་སྙོམས་རྟག་ཏུ་ཡང་དག་བསྒོམས་པར་བགྱི།།
གོང་མ་བརྙེད་པར་མ་གྱུར་དེ་ལྟ་ནའང་།།
ཚངས་པའི་འཇིག་རྟེན་བདེ་བ་ཐོབ་པར་འགྱུར།།

byams dang snying rje dag dang dga' ba dang//

btang snyoms rtag tu yang dag bsgoms par bgyi//

gong ma brnyed par ma gyur de lta na'ng//

tshangs pa'i 'jig rten bde ba thob par 'gyur//

자慈와 비悲[101]와 희喜와

사捨 (등의 사무량四無量)[102]을 항상 바르게 수행하십시오.[103]

(그러면) 비록 (다른) 상계上界를 획득하지 못하더라도

범천계梵天界[104]의 안락을 얻을 수 있습니다.

41

འདོད་སྤྱོད་དགའ་དང་བདེ་དང་སྡུག་བསྔལ་དག །
རྣམ་པར་སྤངས་པའི་བསམ་གཏན་བཞི་པོ་ཡིས། །
ཚངས་དང་འོད་གསལ་དག་དང་དགེ་རྒྱས་དང་། །
འབྲས་བུ་ཆེ་ལྡ་རྣམས་དང་སྐལ་མཉམ་ཐོབ། །

'dod spyod dga' dang bde dang sdug bsngal dag/

rnam par spangs pa'i bsam gtan bzhi po yis//

tshangs dang 'od gsal dag dang dge rgyas dang//

'bras bu cho lha rnams dang skal mnyam thob//

욕계에서 경험하는 즐거움[喜]과 기쁨[樂]과 고통들을
모두 버리는 사선정[105]에 의해서
범천[大梵]과 광음천[光音天]과 편정천[遍淨天]과
광과천[廣果天] 등[106]과 같은 것을 얻게 됩니다.

5(2-1-3-1-5). 업의 경중을 나누어 선악을 취사선택하는 것과 같이 행하기

(42-43)

42

ཊག་དང་མངོན་པར་ཞེན་དང་གཉེན་པོ་མེད།།
ཡོན་ཏན་གཙོ་ལྡན་གཞི་ལས་བྱུང་བའི་ལས།།
དགེ་དང་མི་དགེ་རྣམ་ལྔ་ཆེན་པོ་སྟེ།།
དེ་བས་དགེ་བ་སྤྱོད་ལ་བརྩོན་པར་བགྱི།།

rtag dang mngon par zhen dang gnyen po med//

yon tan gtso ldan gzhi las byung ba'i las//

dge dang mi dge rnam lnga chen po ste//

de bas dge ba spyod la brtson par bgyi//

항상 (행해야 하)고 명백하게 추구해야 하고 반대할 게 없(고)

(삼보와 같은) 주요 공덕을 갖춘 근본에서 발생하는 업(과)

(은인들로부터 발생하는 것 등) 선善과 불선不善(에는) 크게 다섯 가지가

   (있으니)

그러므로 (이를 명심하여) 선행을 (쌓는데 애써) 정진하십시오.[107]

ལན་ཚྭ་སྲང་འགས་ཆུ་ནི་ཉུང་དུ་ཞིག །
རོ་སྒྱུར་བགྱིད་ཀྱི་གངྒཱའི་ཀླུང་མིན་ལྟར།།
དེ་བཞིན་སྡིག་པའི་ལས་ནི་ཆུང་དུ་ཡང་།།
དགེ་བའི་རྩ་བ་ཡངས་ལ་མཁྱེན་པར་མཛོད།།

lan tshwa srang 'gas chu ni nyung ngu zhig/

ro sgyur bgyid kyi ganggā'i klung min ltar//

de bzhin sdig pa'i las ni chung ngu yang//

dge ba'i rtsa ba yangs la mkhyen par mdzod//

조그만 양의 소금은 적은 물의
맛을 바꾸지만 갠지스 강Gangā을 (그렇게 하지) 못하는 것처럼
그와 같이 악업이 작다면
광대한 선근善根을 (그렇게 하지 못한다는 것을) 이해하십시오.[108]

6(2-1-3-1-6). 오개五蓋를 버리기(44)

44

 རྒོད་དང་འགྱོད་དང་གནོད་སེམས་རྨུགས་པ་དང་། །
གཉིད་དང་འདོད་ལ་འདུན་དང་ཐེ་ཚོམ་སྟེ། །
སྒྲུབ་པ་ལྔ་པོ་འདི་དག་དགེ་བའི་ནོར། །
འཕྲོག་པའི་ཚོམ་རྐུན་ལགས་པར་མཁྱེན་པར་མཛོད། །

rgod dang 'gyod dang gnod sems rmugs pa dang//

gnyid dang 'dod la 'dun dang the tshom ste//

sgrub pa lnga po 'di dag dge ba'i nor//

'phrog pa'i chom rkun lags par mkhyen par mdzod//

도회掉悔와 진에瞋恚와

수면睡眠과[109] 탐욕貪欲과 의법疑法 같은

이 오개五蓋[110]들이 선보善寶를

빼앗는 도둑이라는 것을 이해하십시오.

2(2-1-3-2). 수승한 안락한 법의 성취(45-54)

1(2-1-3-2-1). 가행도[加行道]의 오근[根]과 오력[力]에 대해서 명상하기(45)

45

དད་དང་བརྩོན་འགྲུས་དང་དྲན་པ་དང་། །
ཏིང་འཛིན་ཤེས་རབ་ཆོས་མཆོག་ལྔ་ཉིད་དེ། །
འདི་ལ་མངོན་བརྩོན་མཛོད་ཅིག་འདི་དག་ནི། །
སྟོབས་དབང་ཞེས་བགྱི་རྩེ་མོར་གྱུར་པའང་ལགས། །

dad dang brtson 'grus dang dran pa dang//

ting 'dzin shes rab chos mchog lnga nyid de//

'di la mngon brtson mdzod cig 'di dag ni//

stobs dbang zhes bgyi rtse mor gyur pa'ng lags//

믿음과 정진精進[111]과 기억[念]과

정[禪定]과 지혜[慧]는 다섯 가지 최승법最勝法[112] 자체이니

이를 먼저 애써 닦으십시오. "바로 이것들이

힘[力]이자 근본[五根]이다"라고 일컬어지듯 (수행의) 최고봉[頂][113] 또한

  되는 것입니다.

2(2-1-3-2-2). 그것의 장애인 교만을 버리기(46)

46

ན་ཀྱ་འཆི་སྡུག་བྲལ་དང་དེ་བཞིན་དུ།།
ལས་ནི་བདག་གིར་བྱ་ལས་མ་འདས་ཞེས།།
དེ་ལྟར་ཡང་དང་ཡང་དུ་སེམས་པ་ནི།།
དེ་ཡི་གཉེན་པོའི་སྒོ་ནས་རྒྱགས་མི་འགྱུར།།

na rga 'chi sdug bral dang de bzhin du//

las ni bdag gir bya las ma 'das zhes//

de ltar yang dang yang du sems pa ni//

de yi gnyen po'i sgo nas rgyags mi 'gyur//

'병들고 늙고 죽는 것[病老死]의 고통에서 벗어나는 그와 같은
업은 자업자득이라 지나치는 법이 없다"[114]라고 (일컬어집니다).
그와 같이 계속 생각하면
그것의 대치[對治]를 통해 교만[驕][115]하지 않게 됩니다.

3(2-1-3-2-3). 정견에 대해서 명상하기(47-54)
1(2-1-3-2-3-1). 개괄적인 설명(47)

47

གལ་ཏེ་མཐོ་རིམ་ཐར་པ་མངོན་བཞེད་ན།།
ཡང་དག་ལྟ་ལ་གོམས་པ་ཉིད་དུ་མཛོད།།
གང་ཟག་ལོག་པར་ལྟ་བས་ལེགས་སྤྱད་ཀྱང་།།
ཐམས་ཅད་རྣམ་པར་སྨིན་པ་མི་བཟད་ལྡན།།

gal te mtho rim thar pa mngon bzhed na//

yang dag lta la goms pa nyid du mdzod//

gang zag log par lta bas legs spyad kyang//

thams cad rnam par smin pa mi bzad ldan//

만약 천계天界와 해탈[116]을 진실로 원하면
정견正見에 습習을 들여야 합니다.
사견邪見(을 가진) 유정이 좋은 일을 해도
일체의 참을 수 없이 (괴로운) 과보[117]만 갖추고 (있는 셈입니다).

2(2-1-3-2-3-2). 구체적인 해설,

1(2-1-3-2-3-2-1). 사념주에 대해서 명상하기(48)

48

ཨི་ནི་ཡང་དག་ཉིད་དུ་མི་བདེ་ཞིང་།།

མི་རྟག་བདག་མེད་མི་གཙང་རིག་པར་བགྱི།།

དྲན་པ་ཉེ་བར་མ་གཞག་རྣམས་ཀྱིས་ནི།།

ཕྱིན་ཅི་ལོག་བཞིར་ལྟ་བ་ཕུང་ཁྲོལ་བ།།

mi ni yang dag nyid du mi bde zhing//

mi rtag bdag med mi gtsang rig par bgyi//

dran pa nye bar ma gzhag rnams kyis ni//

phyin ci log bzhir lta ba phung khrol ba//

바로 (이) 사람이라는 것은 진실로 행복하지 않고
무상하고 실체가 없고[無我] 부정한 것임을 알아야 합니다.[118]
이 사념주[119]에 반[反]하는 것들이 바로
네 가지 그릇된 견해[四顚倒見][120]가 모인 것[蘊][121]임을 통달해야 (합니다).

2(2-1-3-2-3-2-2). 수승한 법(인 공)을 기억하며 그 가까이에 머무는 것을 명상하기(49~50)

49

གཟུགས་ནི་བདག་མ་ཡིན་ཞེས་གསུངས་ཏེ་བདག །
གཟུགས་དང་ལྡན་མིན་གཟུགས་ལ་བདག་གནས་མིན ། །
བདག་ལ་གཟུགས་མི་གནས་ཏེ་དེ་བཞིན་དུ ། །
ཕུང་པོ་ལྷག་མ་བཞི་ཡང་སྟོང་རྟོགས་བགྱི ། །

gzugs ni bdag ma yin zhes gsungs te bdag/

gzugs dang ldan min gzugs la bdag gnas min//

bdag la gzugs mi gnas te de bzhin du//

phung po lhag ma bzhi yang stong rtogs bgyi//

"색色은 아我가 아니다"라고 (부처님께서) 말씀하셨듯이 아我는
색色을 가지고 있지 않고 색色에는 아我가 머물러 있지 않고
아我에는 색色이 머물러 있지 않습니다. 그와 같이
다른 네 가지 온蘊도 역시 공空이라는 것을 이해하십시오.[122]

50

ཕུང་པོ་འདོད་རྒྱལ་ལས་མིན་དུས་ལས་མིན།།
རང་བཞིན་ལས་མིན་ངོ་བོ་ཉིད་ལས་མིན།།
དབང་ཕྱུག་ལས་མིན་རྒྱུ་མེད་ཅན་མིན་ཏེ།།
མི་ཤེས་ལས་དང་སྲེད་ལས་བྱུང་རིག་མཛོད།།

phung po 'dod rgyal las min dus las min//

rang bzhin las min ngo bo nyid las min//

dbang phyug las min rgyu med can min te//

mi shes las dang sred las byung rig mdzod//

(오)온[五蘊]은 임의로 (발생한 것이) 아니며, 시간에 따라[123] (발생한
    것이) 아니며

자성自性으로부터 (발생한 것이) 아니며, 실체實體 자체로부터 (발생한
    것이) 아니며

자재천自在天으로부터 (발생한 것이) 아니며, 무인無因인 것이 아닌

무지로부터 그리고 탐애[愛][124]로부터 발생한 것임을 깨달으십시오.[125]

3(2-1-3-2-3-2-3). 장애인 삼결三結을 버리기(51)

51

ཚུལ་ཁྲིམས་བརྟུལ་ཞུགས་མཆོག་འཛིན་རང་ལུས་ལ།།

ཕྱིན་ཅི་ལོག་པར་ལྟ་དང་ཐེ་ཚོམ་སྟེ།།

ཀུན་ཏུ་སྦྱོར་བ་འདི་གསུམ་ཐར་པ་ཡི།།

གྲོང་འཁྱེར་སྒོ་འགེགས་ལགས་པར་མཁྱེན་པར་མཛོད།།

tshul khrims brtul zhugs mchog 'dzin rang lus la//

phyin ci log par lta dang the tshom ste//

kun tu sbyor ba 'di gsum thar pa yi//

grong 'khyer sgo 'gegs lags par mkhyen par mdzod//

(그릇된) 금행의 지계를 최고로 간주하는 것[戒取結]126과 자신의 몸에
  대한
전도된 견해[我見結]와 의심[疑結]과 같은
이 삼결三結127은 해탈의
도시로 (들어가는) 문의 장애라는 것을 이해하십시오.

52

ཐར་པ་བདག་ལ་རག་ལས་འདི་ལ་ནི།།
གཞན་གྱིས་གྲོགས་བགྱིད་ཅི་ཡང་མ་མཆིས་པས།།
ཐོས་དང་ཚུལ་ཁྲིམས་བསམ་གཏན་ལྡན་པ་ཡིས།།
བདེན་པ་རྣམ་པ་བཞི་ལ་འབད་པར་མཛོད།།

thar pa bdag la rag las 'di la ni//

gzhan gyis grogs bgyid ci yang ma mchis pas//

thos dang tshul khrims bsam gtan ldan pa yis//

bden pa rnam pa bzhi la 'bad par mdzod//

‘해탈은 자기 자신을 의지한다’[128]는 바로 이것에는

다른 (사람)이 (좋은) 친구처럼 행해도 (해탈 그것을 위해서는) 아무것

도 (행할 것이) 없다는 (뜻이 숨어 있는) 것이니[129]

문혜聞慧, 계행, 선정[130]으로

사성제四聖諦를 애써 (수행)하십시오.

ལྷག་པའི་ཚུལ་ཁྲིམས་ལྷག་པའི་ཤེས་རབ་དང་།།
ལྷག་པའི་སེམས་ལ་རྟག་ཏུ་བསླབ་པར་བགྱི།།
བསླབ་པ་བརྒྱ་རྩ་ལྔ་བཅུ་ལྷག་གཅིག་ནི།།
གསུམ་པོ་འདི་ནང་ཡང་དག་འདུ་བར་འགྱུར།།

lhag pa'i tshul khrims lhag pa'i shes rab dang//

lhag pa'i sems la rtag tu bslab par bgyi//

bslab pa brgya rtsa lnga bcu lhag gcig ni//

gsum po 'di nang yang dag 'du bar 'gyur//

증상계增上戒, 증상혜增上慧와
증상정增上定131을 항상 공부하십시오.
150계戒132보다도 더 많은 것이 바로
이 삼(학)133 안에 여실하게 모여 있습니다.

5(2-1-3-2-3-2-5). 그것의 근원인 몸에 대해서 깨달은 억념^{憶念134}을 보호

하기(54)

54

དབང་ཕྱུག་ལུས་རྟོགས་དྲན་པ་བདེ་གཤེགས་ཀྱིས།།

བགྲོད་པ་གཅིག་པའི་ལམ་དུ་ཉེ་བར་བསྟན།།

དེ་ནི་བསྒྲིམས་ནས་མངོན་པར་བསྲུང་བགྱི་སྟེ།།

དྲན་པ་ཉམས་པས་ཆོམ་རྐུན་འཇིག་པར་འགྱུར།།

dbang phyug lus rtogs dran pa bde gshegs kyis//

bgrod pa gcig pa'i lam du nye bar bstan//

de ni bsgrims nas mngon par bsrung bgyi ste//

dran pa nyams pas chom rkun 'jig par 'gyur//

오 왕이시여!¹³⁵ 몸에 대해서 깨달아 유념[憶念]하시기 바랍니다. 선서^{善逝}

께서는 (이 몸이 바로 해탈에 이르는)

하나의 길[一向趣]¹³⁶이라고 이르셨습니다.

바로 그것은 장애로부터 (몸을) 잘 보호하라(는 것입니다). 왜냐하면

(이것은)

억념^{憶念}을 악화시키는 도둑이라 (억념이) 소멸되기 (때문입니다).¹³⁷

3(2-1-3-3). 그것에 의지하여 (삶의) 의미를 얻기 위한 행위(55~64)
1(2-1-3-3-1). 몸의 무상과 그 정수가 없음을 생각하여 탐착하지 않기(55~58)

55

ཚེ་ནི་གནོད་མང་རླུང་གིས་བཏབ་པ་ཡི༎
ཆུ་ཡི་ཆུ་བུར་བས་ཀྱང་མི་རྟག་ན༎
དབུགས་རྡུབ་དབུགས་འབྱུང་གཉིད་ཀྱིས་ལོག་པ་ལས༎
སད་ཁོམ་གང་ལགས་དེ་ནི་ངོ་མཚར་ཆེ༎

tshe ni gnod mang rlung gis btab pa yi//
chu yi chu bur bas kyang mi rtag na//
dbugs rdub dbugs 'byung gnyid kyis log pa las//
sad khom gang lags de ni ngo mtshar che//

삶은 장애가 많아 바람 부는
물 위의 물거품보다도 더 무상하니
들숨 날숨을 쉬던[138] 잠에서
깨어나는 것, 그 무엇이 있어 바로 그것(보다) 더 놀랍겠습니까![139]

56

ལུས་མཐའ་ཐལ་བ་མཐར་སྐམ་མཐར་འདུལ་ཞིང་།།
ཐ་མར་མི་གཙང་སྙིང་པོ་མ་མཆིས་པར།།
རྣམ་པར་འཇིག་དེངས་མྱགས་པར་འགྱུར་བ་སྟེ།།
སོ་སོར་འགྱེས་ཆོས་ཅན་དུ་མཁྱེན་པར་མཛོད།།

lus mtha' thal ba mthar skam mthar 'drul zhing//

tha mar mi gtsang snying po ma mchis par//

rnam par 'jig dengs myags par 'gyur ba ste//

so sor 'gyes chos can du mkhyen par mdzod//

육신의 마지막은 결국 가루가 되고 결국 마르고 썩어
최후에는[140] 부정不淨하고 실체實體[141]가 없어
완전히 부서지고 흩어지고 썩어지게 되니 (육신이라는 것은)
낱낱이 분리되는 성질[法]을 가진 것[142]임을 아시기 (바랍니다).

57

ས་དང་ལྷུན་པོ་རྒྱ་མཚོ་ཉི་མ་བདུན།།
འབར་བས་བསྲེགས་པས་ལུས་ཅན་འདི་དག་ཀྱང་།།
ཐལ་བ་ཙམ་ཡང་ལུས་པར་མི་འགྱུར་ན།།
ཤིན་ཏུ་ཉམ་ཆུང་མི་ལྟ་སྨོས་ཅི་འཚལ།།

sa dang lhun po rgya mtsho nyi ma bdun//

'bar bas bsregs pas lus can 'di dag kyang//

thal ba tsam yang lus par mi 'gyur na//

shin tu nyam chung mi lta smos ci 'tshal//

대지와 수미산^{須彌山}, 바다가 일곱 태양의
불길로 타올라 (사라질 때)[143] 육신을 가진 이것들 역시
약간의 재로도 완전히 남아 있지 않게 될지언데[144]
매우 연약하기 짝이 없는 사람에 대해서 말할 필요가 무엇 때문에
  있겠습니까?[145]

58

དེ་ལྟར་འདི་ཀུན་མི་རྟག་བདག་མེད་དེ།།
སྐྱབས་མེད་མགོན་མེད་གནས་མེད་དེ་སླད་དུ།།
འཁོར་བ་ཆུ་ཤིང་སྙིང་པོ་མེད་པ་ལ།།
མི་མཆོག་ཁྱོད་ཀྱིས་ཐུགས་ནི་འབྱུང་བར་མཛོད།།

de ltar 'di kun mi rtag bdag med de//

skyabs med mgon med gnas med de slad du//

'khor ba chu shing snying po med pa la//

mi mchog khyod kyis thugs ni 'byung bar mdzod//

그와 같이 이 모든 것이 무상, 무아라
보호해줄 이 없고 의지할 곳 없고[146] 머물 곳이 없기 때문에
삼사라[147]는 바나나 나무처럼 그 정수[148]가 없다는 것을
사람 (중의) 으뜸이신 이여! 그대는 (이것을 깨닫기 위한) 마음을 일으
　켜야 (합니다).[149]

2(2-1-3-3-2). (사람으로 태어나는) 가만[暇滿][150]을 얻기 어려움을 생각하여 의미 있게 행하기(59-60)

59

རྒྱ་མཚོ་གཅིག་གནས་གཉའ་ཤིང་བུ་ག་དང་།།
རུས་སྦལ་ཕྲད་པ་བས་ཀྱང་དུད་འགྲོ་ལས།།
མི་ཉིད་ཆེས་ཐོབ་དཀའ་བས་མི་དབང་གིས།།
དམ་ཆོས་སྤྱོད་པས་དེ་འབྲས་མཆིས་པར་མཛོད།།

rgya mtsho gcig gnas gnya' shing bu ga dang//

rus sbal phrad pa bas kyang dud 'gro las//

mi nyid ches thob dka' bas mi dbang gis//

dam chos spyod pas de 'bras mchis par mdzod//

한 바다에 (같이) 떠다니던[151] 멍에의 구멍에

거북이가 (우연히 떠올라) 마주치는 것보다 짐승에서

사람으로 (태어나는 것은) 더욱더 얻기 어려우니 사람(들)의 주인[人主]

  이신 (그대)는

성법[聖法]의 수행으로 그 (좋은) 과보[果]가 있게 하십시오.[152]

60

གང་ཞིག་གསེར་སྣོད་རིན་ཆེན་སྤྲས་པ་ཡིས།།
ངན་སྐྱུགས་འཕྱག་པར་བགྱིད་པ་དེ་བས་ཀྱང་།།
གང་ཞིག་མི་རུ་སྐྱེས་ནས་སྡིག་པ་དག།
བགྱིད་པ་དེ་ནི་ཆེས་རབ་བླུན་པ་ལགས།།

gang zhig gser snod rin chen spras pa yis//

ngan skyugs 'phyag par bgyid pa de bas kyang//

gang zhig mi ru skyes nas sdig pa dag/

bgyid pa de ni ches rab blun pa lags//

어떤 이가 보석으로 장식된 황금 쟁반을
더러운 토한 것[嘔吐物]으로 닦는 그것보다도
어떤 이가 사람으로 태어났음에도 죄악들을
짓는 바로 그것이 더욱 어리석은 짓입니다.[153]

61

མཐུན་པར་གྱུར་བའི་ཡུལ་ན་གནས་པ་དང་། །
སྐྱེས་བུ་དམ་པ་ལ་ནི་བརྟེན་པ་དང་། །
བདག་ཉིད་ལེགས་སྨོན་སྔོན་ཡང་བསོད་ནམས་བགྱིས། །
འཁོར་ལོ་ཆེན་པོ་བཞི་ནི་ཁྱོད་ལ་མངའ། །

mthun par gyur ba'i yul na gnas pa dang//

skyes bu dam pa la ni brten pa dang//

bdag nyid legs smon sngon yang bsod nams bgyis//

'khor lo chen po bzhi ni khyod la mnga'//

화목하게 된 곳[順境]에 머무는 것과

성자(들)에게 의지하는 것과

스스로 서원을 전생에 (세운 것), 그리고 복덕을 (금생에) 쌓는 것

(이런) 사대륜四大輪[154]이 그대에게 갖추어져 있습니다.

དགེ་བའི་བཤེས་གཉེན་བརྟེན་པ་ཚངས་པར་སྤྱོད།།
ཡོངས་སུ་རྫོགས་པར་ཐུབ་པས་གསུངས་དེའི་ཕྱིར།།
སྐྱེས་བུ་དམ་པ་བརྟེན་བགྱི་རྒྱལ་བ་ལ།།
བརྟེན་ནས་རབ་ཏུ་མང་པོས་ཞི་བ་ཐོབ།།

dge ba'i bshes gnyen brten pa tshangs par spyod//

yongs su rdzogs par thub pas gsungs de'i phyir//

skyes bu dam pa brten bgyi rgyal ba la//

brten nas rab tu mang pos zhi ba thob//

선한 친구에게 의지하라고 범행梵行[155]을
완전히 성취하신 능인께서 말씀하셨습니다. 그러니
성자에게 의지하십시오. (욕망을) 정복한 자[勝者][156]에게
의지하여 아주 많은 이들이 적정寂靜[157]을 성취했습니다.

63

ལོག་པར་ལྟ་བ་འཛིན་དང་དུད་འགྲོ་དང་།།
ཡི་དྭགས་ཉིད་དང་དམྱལ་བར་སྐྱེ་བ་དང་།།
རྒྱལ་བའི་བཀའ་མེད་པ་དང་མཐའ་ཁོབ་ཏུ།།
ཀླ་ཀློར་སྐྱེ་དང་གླེན་ཞིང་ལྐུགས་པ་ཉིད་།།

log par lta ba 'dzin dang dud 'gro dang//

yi dwags nyid dang dmyal bar skye ba dang//

rgyal ba'i bka' med pa dang mtha' khob tu//

kla klor skye dang glen zhing lkugs pa nyid//

"전도된 견해[惡見]를 가진 자(로 태어나는 것)과 축생과
아귀와 지옥 중생으로 태어나는 것과
승자의 가르침이 없을 (때)와 (불법을 들을 수 없는) 변지[邊地]에
야만인으로 태어나는 것과 (불법을 배울 수 있는 감각 기관이 결여된)
  장애자(로 태어나는 것과)

64

ཚེ་རིང་ལྷ་དང་གང་ཡང་རུང་བར་ནི།།
སྐྱེ་བ་ཞེས་བགྱི་མི་ཁོམ་སྐྱོན་བརྒྱད་པོ།།
དེ་དག་དང་བྲལ་ཁོམ་པ་རྙེད་ནས་ནི།།
སྐྱེ་བ་བཟློག་པའི་སླད་དུ་འབད་པར་མཛོད།།

tshe ring lha dang gang yang rung bar ni//

skye ba zhes bgyi mi khom skyon brgyad po//

de dag dang bral khom pa rnyed nas ni//

skye ba bzlog pa'i slad du 'bad par mdzod//

(그리고 쾌락에 절어 불법을 무시하는) 수명이 긴 천신[長壽天]과 같은 무엇으로든

　무엇으로든

태어난다"라고 하는 것이 팔무가[八無暇158]입니다.

이런 (생)들을 떠난 편안함을 갖춘 (생으로)

태어나기 (위해서), (즉) 그 반대의 (생)을 위해서 애써야 합니다.[159]

둘째, 실질적인 가르침, B(2-2). 삼사라[윤회계]의 과실에서 출리심을 내
  는 행위에 대한 (가르침)(65-103)
1(2-2-1). 개괄적인 설명(65)

65

དེས་པ་འདོད་པས་ཕོངས་དང་འཆི་བ་དང་།།
ན་དང་རྒ་སོགས་སྡུག་བསྔལ་དུ་མ་ཡིས།།
འབྱུང་གནས་འཁོར་བ་ལ་ནི་སྐྱོ་མཛད་ཅིང་།།
འདི་ཡི་ཉེས་པ་ཤེས་ཀྱང་གསན་པར་མཛོད་།།

des pa 'dod pas phongs dang 'chi ba dang//

na dang rga sogs sdug bsngal du ma yis//

'byung gnas 'khor ba la ni skyo mdzad cing//

'di yi nyes pa shes kyang gsan par mdzod//

오 (성정이) 온화하신 이여! 바라는 것이 (갖춰지지 않아 항상) 부족하
  고[160] 죽음과
병듦과 늙음 등 여러 가지 고통이
생기는 곳인 바로 (이) 윤회계를 슬퍼하십시오.[161] 그리고
이 (곳)의 과실[過](들)을 약간이나마 들어보십시오.

2(2-2-2). 구체적인 해설(66-102),

1(2-2-2-1). 확실한 것이 없는 과실(66)

66

ཕ་ནི་བུ་ཉིད་མ་ནི་ཆུང་མ་ཉིད།།
སྐྱེ་བོ་དགྲ་གྱུར་བ་དག་བཤེས་ཉིད་དང་།།
བཟློག་པ་ཉིད་དུ་མཆི་བས་དེ་སླད་དུ།།
འཁོར་བ་དག་ན་ངེས་པ་འགའ་མ་མཆིས།།

pha ni bu nyid ma ni chung ma nyid//

skye bo dgra gyur ba dag bshes nyid dang//

bzlog pa nyid du mchi bas de slad du//

'khor ba dag na nges pa 'ga' ma mchis//

아비가 아들로, 어미가 아내로

적이었던 자들이 친구로

반대로 되니[162] 그렇기 때문에

윤회계들에서는[163] 어떤 확실한 것도 없습니다.

67

རེ་རེས་རྒྱ་མཚོ་བཞི་ལས་ལྷག་པ་ཡི།།
འོ་མ་འཐུངས་ཏེ་ད་དུང་སོ་སོ་ཡི།།
སྐྱེ་བོའི་རྗེས་སུ་འབྲང་བའི་འཁོར་བ་པས།།
དེ་བས་ཆེས་མང་ཉིད་ཅིག་བཏུང་འཚལ་ལོ།།

re res rgya mtsho bzhi las lhag pa yi//

'o ma 'thungs te da dung so so yi//

skye bo'i rjes su 'brang ba'i 'khor ba pas//

de bas ches mang nyid cig btung 'tshal lo//

저마다 사대양의 (물)보다도 더 많은
젖을 마셨고 또 다시 각각의[164]
다음 생을 따라가(야 하)는 윤회계의 존재는
그보다도 더 많은 (젖을) 마셔야 (합니다).

3(2-2-2-3). 몸을 계속해서 버려야 하는 과실(68a),
4(2-2-2-4). 계속해서 상속[환생]해야 되는 것(68b)

68

ར་རེའི་བདག་ཉིད་རུས་པའི་ཕུང་པོ་ནི།།

ལྷུན་པོ་མཉམ་པ་སྙེད་ཅིག་འདས་གྱུར་ཏེ།།

མ་ཡི་ཐུག་མཐའ་རྒྱ་ཤུག་ཚིག་གུ་ཙམ།།

རིལ་བུར་བགྲངས་ཀྱང་ས་ཡིས་ལོང་མི་འགྱུར།།

re re bdag nyid rus pa'i phung po ni//

lhun po mnyam pa snyed cig 'das gyur te//

ma yi thug mtha' rgya shug tshig gu tsam//

ril bur bgrangs kyang sa yis long mi 'gyur//

(전생을 이어오며) 저마다[165] 자기 자신의 뼈를 쌓은 것은
수미산과 같은 크기거나 (그보다) 더 될 것이고
(무시이래로 낳아주신) 어머니들을[166] 대추씨[167]만큼 작은
씨앗[168]으로 헤아려보아도 (천하의) 대지가 충분하지 않을 것입니다.

69

བརྒྱ་བྱིན་འཇིག་རྟེན་མཆོད་འོས་གྱུར་ནས་ནི།།
ལས་ཀྱི་དབང་གིས་ཕྱིར་ཡང་ས་སྟེང་ལྷུང་།།
འཁོར་ལོས་བསྒྱུར་རྒྱལ་ཉིད་དུ་གྱུར་ནས་ཀྱང་།།
འཁོར་བ་དག་ཏུ་ཡང་བྲན་ཉིད་དུ་འགྱུར།།

brgya byin 'jig rten mchod 'os gyur nas ni//
las kyi dbang gis phyir yang sa steng lhung//
'khor los bsgyur rgyal nyid du gyur nas kyang//
'khor ba dag tu yang bran nyid du 'gyur//

제석천帝釋天이 세상에서 (으뜸으로) 공경 받았어도
업력業力에 의해 다시 땅 위로 떨어집니다.
(또한 업력에 의해) 전륜성왕[169]이 되었어도
윤회계들에서는 다시 노예로 됩니다.[170]

70

མཐོ་རིས་བུ་མོའི་ནུ་མ་སྐེད་པ་ལ།།
རེག་པའི་བདེ་བ་ཡུན་རིང་མྱོང་ནས་སླར།།
དམྱལ་བར་འཐག་གཅོད་དབྲད་པའི་འཁྲུལ་འཁོར་གྱི།།
རེག་པ་ཤིན་ཏུ་མི་བཟད་བསྟེན་འཚལ་ལོ།།

mtho ris bu mo'i nu ma sked pa la//

reg pa'i bde ba yun ring myong nas slar//

dmyal bar 'thag gcod dbrad pa'i 'khrul 'khor gyi//

reg pa shin tu mi bzad bsten 'tshal lo//

천계[天界]에서 젊은 여자[天女]의 가슴과 허리를
만지는[觸][171] 쾌락을 오랫동안 경험했어도 다시
지옥에서 (몸을) 갈고 자르는 기계에 물려
참을 수 없는 큰 고통과 친밀해져야 합니다.[172]

རྐང་པའི་རེག་པས་ནེམས་པར་བདེ་བཟོད་པ།།
ལྷུན་པོའི་སྤོ་ལ་ཡུན་རིང་གནས་ནས་ནི།།
སླར་ཡང་མེ་མུར་རོ་མྱགས་རྒྱུ་བ་ཡི།།
སྡུག་བསྔལ་མི་མཛད་འཕོག་སྙམ་བགྱིད་འཚལ་ལོ།།

rkang pa'i reg pas nems par bde bzod pa//

lhun pa'i spo la yun ring gnas nas ni//

slar yang me mur ro myags rgyu ba yi//

sdug bsngal mi mzad 'phog snyam bgyid 'tshal lo//

발(끝)의 촉감[觸]이 경쾌하여 즐거움이 생기는
수미산 정상에서 오랫동안 머물렀다가
다시 당외증지옥[燼煨增獄][173]과 시분증지옥[屍糞增獄][174]의
끔찍한 고통을 당하는 느낌을 상상해보십시오.

མཐོ་རིས་བུ་མོས་འབྲོངས་ཤིང་དགའ་བ་དང་། །
རྣམ་པར་མཛེས་ཚལ་སོན་པར་རྩེས་ནས་སླར། །
འདབ་མ་རལ་གྲི་འདྲ་ཚལ་གནས་རྣམས་ཀྱིས། །
རྐང་ལག་རྣ་བ་རྣ་གཅོད་འཐོབ་པར་འགྱུར། །

mtho ris bu mos 'brongs shing dga' ba dang//

rnam par mdzes tshal son par rtses nas slar//

'dab ma ral gri 'dra tshal gnas rnams kyis//

rkang lag rna ba rna gcod 'thob par 'gyur//

천계[天界]에서 젊은 여자[天女]에게 둘러싸여
매우 아름다운 정원에서 (쾌락의) 극치를 (맛보며) 노닐다가 다시
잎들이 칼과 같은 정원[劍林]들에서[175]
발, 손, 귀, 코가 잘리게 됩니다.[176]

73

ད་ལ་གྱིས་འབབ་པར་ལྷ་ཡི་བུ་མོ་ནི།།
གདོང་མཛེས་གསེར་གྱི་པདྨར་ལྡན་ཞུགས་ནས།།
སླར་ཡང་དམྱལ་བར་ཆུ་བོ་རབས་མེད་པ།།
ཚ་རྒོ་བཟོད་གླགས་ཆུ་ཚན་འཇུག་འཚལ་ལོ།།

dal gyis 'bab par lha yi bu mo ni//

gdong mdzes gser gyi padmar ldan zhugs nas//

slar yang dmyal bar chu bo rabs med pa//

tsha rgo bzod glags chu tshan 'jug 'tshal lo//

천상의 갠지즈 강[Mandākinī]에서 천녀(들과 함께)
아름다운[177] 금빛 연꽃이 (핀 그 강변에서 노닐며) 들어갔다가
다시 지옥에 (흐르는) 열하[烈河, Nadī Vaitaraṇī]의
짠 (물을) 참으며 뜨거운 (그 안으로) 들어가야 합니다.[178]

བླ་ཡུལ་འདོད་བདེ་ཤིན་ཏུ་ཆེན་པོ་དང་།།
ཚངས་ཉིད་ཆགས་བྲལ་བདེ་བ་ཐོབ་ནས་སླར།།
མནར་མེད་མེ་ཡི་བུད་ཤིང་གྱུར་པ་ཡི།།
སྡུག་བསྔལ་རྒྱུན་མི་འཆད་པ་བསྟེན་འཚལ་ལོ།།

lha yul 'dod bde shin tu chen po dang//

tshangs nyid chags bral bde ba thob nas slar//

mnar med me yi bud shing gyur pa yi//

sdug bsngal rgyun mi 'chad pa bsten 'tshal lo//

천신(들이 머무는) 땅인 욕계欲界에서의 큰 기쁨과 (더 나아가)
범천梵天[179]의 욕망에서 자유로운 기쁨을 얻었어도 다시
무간지옥無間地獄, Avīci[180]의 불타는 장작이 되어
그치지 않고 계속되는 고통과 친밀해져야 합니다.

ཉི་མ་ཟླ་བ་ཉིད་ཐོབ་རང་ལུས་ཀྱི།།
འོད་ཀྱིས་འཇིག་རྟེན་མཐའ་དག་སྣང་བྱས་ཏེ།།
སླར་ཡང་མུན་ནག་སྨག་ཏུ་ཕྱིན་གྱུར་ནས།།
རང་གི་ལག་པ་བརྐྱངས་པའང་མི་མཐོང་འགྱུར།།

nyi ma zla ba nyid thob rang lus kyi//

'od kyis 'jig rten mtha' dag snang byas te//

slar yang mun nag smag tu phyin gyur nas//

rang gi lag pa brkyangs pa'ng mi mthong 'gyur//

해와 달이 되어 자기 몸의
빛으로 온 세상을 (두루) 비추었어도
다시 검은 어둠 속으로 되돌아가면
자신의 손을 뻗은 것도 볼 수 없게 됩니다.[181]

6(2-2-2-6). (이런 윤회를 함께 할) 동료가 없는 과실(76)

76

དེ་ལྟར་ནོངས་པར་འགྱུར་འཚལ་བསོད་ནམས་ནི།།
རྣམ་གསུམ་མར་མེའི་སྣང་བ་རབ་བཞེས་ཤིག
གཅིག་པུ་ཉི་མ་ཟླ་བས་མི་བརྫི་བའི།།
མུན་ནག་མཐའ་ཡས་ནང་ངུ་འཇུག་འཚལ་ལོ།།

de ltar nongs par 'gyur 'tshal bsod nams ni//

rnam gsum mar me'i snang ba rab bzhes shig/

gcig pu nyi ma zla bas mi brdzi ba'i//

mun nag mtha' yas nang ngu 'jug 'tshal lo//

그처럼 죄가 되는 것을 이해하시어 (신구의) 복덕.
3종[182](의) 등불의 빛을 두루 취해야 합니다.
(그렇지 않으면 그대) 혼자 해(와) 달로도[183] 압도할 수 없는
끝없는 어둠 속으로 들어가야 합니다.

7(2-2-2-7). (인간을 제외한) 5도 중생이 확실하게 경험해야 되는 고통에
  대한 과실(77-102),
1(2-2-2-7-1). 지옥의 고통(77-88)

77

སེམས་ཅན་ཉེས་པ་སྤྱད་པ་སྤྱོད་རྣམས་ལ།།
ཡང་སོས་ཐིག་ནག་རབ་ཏུ་ཚ་བ་དང་།།
བསྡུས་འཇོམས་དུ་འབོད་མནར་མེད་ལ་སོགས་པའི།།
དམྱལ་བ་རྣམས་སུ་རྟག་ཏུ་སྡུག་བསྔལ་འགྱུར།།

sems can nyes pa spyad pa spyod rnams la//

yang sos thig nag rab tu tsha ba dang//

bsdus 'joms du 'bod mnar med la sogs pa'i//

dmyal ba rnams su rtag tu sdug bsngal 'gyur//

악행을 저지른 유정들은 (그 악)행들로[184]
등활等活, 흑승黑繩, 초열焦熱과
중합衆合, 규환叫喚, 무간無間 등의
지옥들[185]에서 항상 고통을 당하게 됩니다.

78

ཁ་ཅིག་ཏིལ་བཞིན་འཚིར་ཏེ་དེ་བཞིན་གཞན། །
ཕྱེ་མ་ཞིབ་མོ་བཞིན་དུ་ཕྱེ་མར་རློག །
ཁ་ཅིག་སོག་ལེས་དྲ་སྟེ་དེ་བཞིན་གཞན། །
སྟ་རེ་མི་བཟད་སོ་རྣོན་རྣམས་ཀྱིས་གཤེག །

kha cig til bzhin 'tshir te de bzhin gzhan//

phye ma zhib mo bzhin du phye mar rlog/

kha cig sog les dra ste de bzhin gzhan//

sta re mi bzad so rnon rnams kyis gsheg/

어떤 이는 (기름 짜는) 깨처럼 눌리고 또 어떤 이는

가루를 빻는 것처럼 잘게[186] 부서지고

어떤 이는 톱으로 잘리고 또 어떤 이는

지독하게 날카로운 도끼날들로 쪼개집니다.[187]

དེ་བཞིན་གཞན་དག་ཁྲོ་ཆུ་བཞུས་པ་ཡི།།
ཁུ་བ་འབར་བ་འཁྲིགས་པ་ལྡུད་པར་བགྱིད།།
ཁ་ཅིག་ལྕགས་ཀྱི་གསལ་ཤིང་མེ་འབར་བ།།
ཚེར་མ་ཅན་ལ་ཀུན་ཏུ་བརྒྱུད་པར་བགྱིད།།

de bzhin gzhan dag khro chu bzhus pa yi//

khu ba 'bar ba 'khrigs pa ldud par bgyid//

kha cig lcags kyi gsal shing me 'bar ba//

tsher ma can la kun tu brgyud par bgyid//

그와 같은 (고통을 당하는데) 다른 어떤 이들 (입에는) 불타는
끓는 쇳물[188]이 가득 부어집니다.
(또한) 어떤 이(들에게는) 불타는 쇠꼬챙이[189]로
언제나 꿰뚫어지는 게 계속됩니다.[190]

ཁ་ཅིག་ལྕགས་ཀྱི་མཆེ་བ་ལྡན་པའི་ཁྱི།།
གཏུམ་པོས་དབྲད་ཅིག་ལག་པ་གནམ་དུ་བསྒྲེང་།།
དབང་མེད་གཞན་དག་ལྕགས་མཆུ་རྣོན་པོ་དང་།།
སེན་མོ་མི་བཟད་ལྡན་པའི་ཁ་རྣམས་འཐོག།

kha cig lcags kyi mche ba ldan pa'i khyi//
gtum pos dbad cig lag pa gnam du bsgreng//
dbang med gzhan dag lcags mchu rnon po dang//
sen mo mi bzad ldan pa'i kha rnams 'thog/

어떤 이(들)은 쇠이빨을 가진 흉포한
개(들)에게 찢겨[191] (그 고통으로) 손을 하늘로 치켜들고
다른 무력한 이들은 참을 수 없는[192] (큰 고통을 주는)
날카로운 쇠부리와 발톱을 가진 까마귀들에게 쪼이게 됩니다.[193]

ཁ་ཅིག་སྲིན་བུ་སྦུར་པ་སྣ་ཚོགས་དང་།།
ཤ་སྦྲང་སྦྲང་མ་ནག་པོ་ཁྲི་ཕྲག་དག།
རེག་ན་མི་བཟད་རྨ་སྲོལ་ཆེར་འབྱིན་པས།།
ཟ་བར་བགྱིད་ཅིང་འདྲེ་ལྡོག་སྨྲེ་སྔགས་འདོན།།

kha cig srin bu sbur pa sna tshogs dang//

sha sbrang sbrang ma nag po khri phrag dag/

reg na mi bzad rma srol cher 'byin pas//

za bar bgyid cing 'dre ldog smre sngags 'don//

어떤 이(들)은 먹(구름처럼) 셀 수 없는

굼벵이, 거머리 등과 쇠파리, 말벌들이[194]

달라붙어[195] 참을 수 없는 큰 상처를 후벼 파고

먹이로 삼을 때 구르며 울부짖습니다.[196]

82

ཁ་ཅིག་མདག་མ་འབར་བའི་ཚོགས་སུ་ནི།།
རྒྱུན་མི་ཆད་པར་རབ་བསྲེགས་ཁ་ཡང་བགྲད།།
ཁ་ཅིག་ལྕགས་ལས་བྱས་པའི་ཟངས་ཆེན་དུ།།
སྤྱིའུ་ཚུགས་འབྲས་ཀྱི་ཅུང་པེང་བཞིན་དུ་འཚེད།།

kha cig mdag ma 'bar ba'i tshogs su ni//

rgyun mi chad par rab bsregs kha yang bgrad//

kha cig lcags las byas pa'i zangs chen du//

spyi'u tshugs 'bras kyi cung peng bzhin du 'tshed//

어떤 이(들)은 불타는 장작더미에서
쉼 없이 계속 거세게 타올라 입마저 (크게) 벌어집니다.
(또) 어떤 이(들)은 쇠로 만들어진 큰 솥에
거꾸로 처박혀 밥덩이처럼 삶겨집니다.[197]

སྡིག་ཅན་དབུགས་འབྱུང་འགག་པ་ཙམ་ཞིག་གི
དུས་ཀྱི་བར་དུ་ཆོད་རྣམས་དམྱལ་བ་ཡི
སྡུག་བསྔལ་གཞལ་ཡས་ཐོས་ནས་རྣམ་སྟོང་དུ
མི་འཇིགས་གང་ལགས་རྡོ་རྗེའི་རང་བཞིན་ནོ

sdig can dbugs 'byung 'gag pa tsam zhig gi/

dus kyi bar du chod rnams dmyal ba yi//

sdug bsngal gzhal yas thos nas rnam stong du//

mi 'jigs gang lags rdo rje'i rang bzhin no//

죄인(들)은 다만 잠깐 숨 쉬는
(그) 시간 동안 (그 고통이) 멈출[198] (뿐인 이와 같은) 지옥의
한없는[無量] 고통(들)을 들은 것이 수천 번인데도
두려워하지 않는 어떤 자(라면 그 자는 딱딱한) 금강金剛의 성품(을
  가진 어리석은 자일 것)입니다.[199]

དམྱལ་བ་བྲིས་པ་མཐོང་དང་ཐོས་པ་དང་།།
དྲན་དང་བཀླགས་དང་གཟུགས་སུ་བགྱིས་རྣམས་ཀྱང་།།
འཇིགས་པ་བསྐྱེད་པར་འགྱུར་ན་མི་བཟད་པའི།།
རྣམ་སྨིན་ཉམས་སུ་མྱོང་ན་སྨོས་ཅི་འཚལ།།

dmyal ba bris pa mthong dang thos pa dang//

dran dang bklags dang gzuugs su bgyis rnams kyang//

'jigs pa bskyed par 'gyur na mi bzad pa'i//

rnam smin nyams su myong na smos ci 'tshal//

지옥에 대해서 듣고 보고
생각하고 읽고 형상으로 만든 것들로도
(커다란) 두려움이 생겨날 정도인데 (이) 혹독한
과보[異熟]를 경험하는 것에 대해서 말할 필요가 무엇 때문에 있겠습니
　까?[200]

85

བདེ་ཀུན་གྱི་ནང་ན་སྲེད་ཟད་པའི།།
བདེ་བའི་བདག་པོ་བགྱིད་པ་ཇི་ལྟ་བར།།
དེ་བཞིན་སྡུག་བསྔལ་ཀུན་གྱི་ནང་ན་ནི།།
མནར་མེད་དམྱལ་བའི་སྡུག་བསྔལ་རབ་མི་བཟད།།

bde kun gyi nang na sred zad pa'i//

bde ba'i bdag po bgyid pa ji lta bar//

de bzhin sdug bsngal kun gyi nang na ni//

mnar med dmyal ba'i sdug bsngal rab mi bzad//

모든 기쁨[安樂] 가운데 애욕을 여읜[愛盡]
안락의 주인인 (해탈)이 짓는 것[作]이 (최고이)듯이[201]
그와 같이 바로 (이) 모든 고통 가운데
무간지옥의 고통이 가장 참을 수 없는 것(입니다).[202]

འདི་ན་ཉེན་གཅིག་མདུང་ཐུང་སུམ་བརྒྱ་ཡིས། །
རབ་ཏུ་དྲག་བཏབ་སྡུག་བསྔལ་གང་ལགས་པ། །
དེས་ནི་དམྱལ་བའི་སྡུག་བསྔལ་ཆུང་ངུ་ལའང་། །
འོལ་ཡང་མི་བགྱི་ཆར་ཡང་མི་ཕོད་དོ། །

'di na nyen gcig mdung thung sum brgya yis//

rab tu drag btab sdug bsngal gang lags pa//

des ni dmyal ba'i sdug bsngal chung ngu la'ng//

'ol yang mi bgyi char yang mi phod do//

여기 (금생)에서 하루 동안 3백 번 창으로
찔리는 극심한 고통이 무엇이든[203]
그것은 지옥의 아주 작은 (그 어떤) 고통과도
비슷하지도 않고 비교할 수도 없(는 것)입니다.[204]

དེ་ལྟར་སྡུག་བསྔལ་ཤིན་ཏུ་མི་བཟད་ལོ། །
བྱེ་བ་ཕྲག་བརྒྱར་ཉམས་སུ་མྱོང་ཡང་ནི། །
ཇི་སྲིད་མི་དགེ་དེ་ཟད་མ་གྱུར་པ། །
དེ་སྲིད་སྲོག་དང་བྲལ་བར་མི་འགྱུར་རོ། །

de ltar sdug bsngal shin tu mi bzad lo//

bye ba phrag brgyar nyams su myong yang ni//

ji srid mi dge de zad ma gyur pa//

de srid srog dang bral bar mi 'gyur ro//

그와 같은 매우 참을 수 없는 큰 고통을
1백억 년 동안[205] 겪어도
그 불선[不善=惡](의 과보가) 끝나지 않을 동안,
그 때는 (지옥의 고통스런) 삶에서 벗어나지 못합니다.[206]

མི་དགེའི་འབྲས་འདི་རྣམས་ཀྱི་ས་བོན་ནི།།
ལུས་ངག་ཡིད་ཀྱི་ཉེས་སྤྱོད་ཁྱོད་ཀྱིས་ནི།།
ཅི་ནས་དེ་རྡུལ་ཙམ་ཡང་མ་མཆིས་པ།།
དེ་ལྟར་ཉིད་ཀྱི་རྩལ་གྱིས་འབད་པར་མཛོད།།

me dge'i 'bras 'di rnams kyi sa bon ni//

lus ngag yid kyi nyes spyod khyod gyis ni//

ci nas de rdul tsam yang ma mchis pa//

de ltar nyid kyi rtsal gyis 'bad par mdzod//

이런 불선의 과보[惡果]들의 종자는
신구의身口意의 악을 행한 것(에서 비롯된 것이니), 그대는
확실하게 그 아무리 작은 (악행도) 저지르지 않는 것
(바로) 그와 같은 것을 자신의 (모든) 능력으로 애써 행하십시오.[207]

89

དུད་འགྲོའི་སྐྱེ་གནས་ན་ཡང་གསོད་པ་དང་།།
བཅིང་དང་བརྡེག་སོགས་སྡུག་བསྔལ་སྣ་ཚོགས་པ།།
ཞི་འགྱུར་དགེ་བ་སྤངས་པ་རྣམས་ལ་ནི།།
གཅིག་ལ་གཅིག་ཟ་ཤིན་ཏུ་མི་བཟད་པ།།

dud 'gro'i skye gnas na yang gsod pa dang//

bcing dang brdeg sogs sdug bsngal sna tshogs pa//

zhi 'gyur dge ba spangs pa rnams la ni//

gcig la gcig za shin tu mi bzad pa//

축생계라면[208] 또한 (음식이 되기 위해) 죽임을 당하고
묶이고 맞는 등(의) 다양한 고통들이 (뒤따릅니다).
적정寂靜하게 되는 선(행)을 버린 바로 그 자들에게
서로 먹이가 되는 매우 모진 (고통이 뒤따르기는 매한가지입니다).[209]

ཁ་ཅིག་མུ་ཏིག་བལ་དང་རུས་པ་དང་།།
ཤ་དང་པགས་པའི་ཆེད་དུ་འཆི་བར་འགྱུར།།
དབང་མེད་གཞན་དག་རྡོག་པ་ལག་པ་དང་།།
ལྕག་དང་ལྕགས་ཀྱུ་གདབ་པས་བཏབ་སྟེ་བཀོལ།།

kha cig mu tig bal dang rus pa dang//

sha dang pags pa'i ched du 'chi bar 'gyur//

dbang med gzhan dag rdog pa lag pa dang//

lcag dang lcags kyu gdab pas btab ste bkol//

어떤 (축생들은) 진주, 털과 뼈와
고기와 가죽 때문에 죽게 됩니다.
(또) 다른 (축생)들은 자유도 없이 (발로) 차이고 손과
채찍과 쇠갈고리로 맞으며 일해야 합니다.

91

ཡི་དྭགས་ན་ཡང་འདོད་པས་ཕོངས་པ་ཡིས།།
བསྐྱེད་པའི་སྡུག་བསྔལ་རྒྱུན་ཆགས་མི་འཆོས་པ།།
བཀྲེས་སྐོམ་གྲང་རོ་དལ་དང་འཇིགས་པ་ཡིས།།
བསྐྱེད་པ་ཤིན་ཏུ་མི་བཟད་བསྟེན་འཚལ་ལོ།།

yi dwags na yang 'dod pas phongs pa yis//

bskyed pa'i sdug bsngal rgyun chags mi 'chos pa//

bkres skom grang dro dal dang 'jigs pa yis//

bskyed pa shin tu mi bzad bsten 'tshal lo//

아귀(들)이라면 또한 바라는 것을 (얻지 못하는) 궁핍함으로
생겨나는 계속되는 고통을 고칠[210] 수 없습니다.
(그들은) 배고픔, 목마름, 추위, 더위와 두려움으로
생겨나는 매우 혹독한 (상태와) 친밀해져야 합니다.[211]

92

ཁ་ཅིག་ཁ་ནི་ཁབ་ཀྱི་མིག་ཙམ་ལ།།
ལྟོ་བ་རི་ཡི་གཏོས་ཙམ་བཀྲེས་པས་ཉེན།།
མི་གཙང་གི་ནར་བོར་བ་ཅུང་ཟད་ཀྱང་།།
འཚལ་བའི་མཐུ་དང་ལྡན་པ་མ་ལགས་སོ།།

kha cig kha ni khab kyi mig tsam la//

lto ba ri yi gtos tsam bkres pas nyen//

mi gtsang gi nar bor ba cung zad kyang//

'tshal ba'i mthu dang ldan pa ma lags so//

어떤 (아귀들은) 입이 바늘귀만큼 (작지만)

창자는 산만큼이나 커서 (항상) 굶주림을 겪습니다.

굴러다니는 더럽기 그지없는 조그만 (똥 같은) 오물덩어리라도 (먹으
   려하나 그것을)

찾을 힘마저 갖고 있지 않습니다.[212]

ཁ་ཅིག་པགས་རུས་ལུས་ཤིང་གཅེར་བུ་སྟེ།།
ཏ་ལ་ཡ་ཐོག་བསྐམས་པ་ལྟ་བུ་ལགས།།
ཁ་ཅིག་མཚན་ཞིང་ཁ་ནས་འབྲ་བ་སྟེ།།
ཟས་སུ་འབར་བའི་ཁ་བབས་བྱེ་མ་འཚལ།།

kha cig pags rus lus shing gcer bu ste//

ta la ya thog bskams pa lta bu lags//

kha cig mtshan zhing kha nas 'bra ba ste//

zas su 'bar ba'i kha babs bye ma 'tshal//

어떤 (아귀들은) 가죽, 뼈만 (남은) 벌거벗은 몸인데
(마치) 마른 야자나무[213] 윗가지처럼 (바싹 말랐)습니다.
(다른) 어떤 (아귀들은) 밤마다 입에서 불이 뿜어져 나오는데
음식(이라고)는 불이 뿜어져 나오는 (그) 입으로 떨어지는 모래(뿐이지
  만 그것이라도 먹으려) 찾습니다.

སྨད་རིགས་འགས་ནི་རྣག་དང་ཕྱི་ས་དང་།།
ཁྲག་སོགས་མི་གཙང་བ་ཡང་མི་རྙེད་དེ།།
ཕན་ཚུན་གདོང་དུ་འཚོག་ཅིང་མགྲིན་པ་ནས།།
ལྦ་བ་བྱུང་བ་སྨོན་པའི་རྣག་འཚལ་ལོ།།

smad rigs 'gas ni rnag dang phyi sa dang//

khrag sogs mi gtsang ba yang mi rnyed de//

phan tshun gdod du 'tshog cing mgrin pa nas//

lba ba byung ba smon pa'i rnag 'tshal lo//

(그 중에서도) 몇몇 낮은 종자들은 고름과 대변과
피 등 더러운 것조차도 구할 수 없어
서로 얼굴을 때리고 목에서
혹이 생기게 하여 (그것에서) 터져 나오는 고름이라도 (먹으려) 찾습니
  다.

95

འདི་དག་རྣམས་ལ་སོ་གའི་དུས་སུ་ནི།།
ཟླ་བའང་ཚ་ལ་དགུན་ནི་ཉི་མའང་གྲང་།།
ལྗོན་ཤིང་འབྲས་བུ་མེད་འགྱུར་འདི་དག་གིས།།
བལྟས་པ་ཙམ་གྱིས་ཀླུང་ཡང་བསྐམས་པར་འགྱུར།།

'di dag rnams la so ga'i dus su ni//

zla ba'ng tsha la dgun ni nyi ma'ng gung//

ljon shing 'bras bu med 'gyur 'di dag gis//

bltas pa tsam gyis klung yang bskams par 'gyur//

이들 (아귀)들에게는 여름에는

달마저 뜨겁게, 겨울(에는) 해마저 차갑게 (느껴집니다).

(이들이 쳐다보는 것만으로도) 과일나무 열매는 없어집니다. (또한)
 이들이

(다만) 쳐다보는 것만으로도 강마저 말라버립니다.[214]

བར་ཆད་མེད་པར་སྡུག་བསྔལ་བསྟེན་གྱུར་པ།།
ཉེས་པར་སྤྱད་པའི་ལས་ཀྱི་ཞགས་པ་ནི།།
སྲ་བས་བཅིངས་པའི་ལུས་ཅན་ཁ་ཅིག་ལོ།།
ལྔ་སྟོང་དག་དང་ཁྲིར་ཡང་འཆིར་མི་འགྱུར།།

bar chad med par sdug bsngal bsten gyur pa//

nyes par spyad pa'i las kyi zhags pa ni//

sra bas bcings pa'i lus can kha cig lo//

lnga stong dag dang khrir yang 'chir mi 'gyur//

그침 없는 고통과 친밀하게 된
악을 저지른 업[惡行業]의 밧줄로
단단하게 묶인 몸을 가진 어떤 (아귀들은) 햇수로
5천[215] 또는 1만(년 동안)도 죽을 수 없습니다.

དེ་ལྟར་ཡི་དྭགས་རྣམས་ཀྱིས་སྣ་ཚོགས་པའི།།

སྡུག་བསྔལ་རོ་གཅིག་ཐོབ་པ་གང་ལགས་པ།།

དེ་ཡི་རྒྱུ་ནི་སྐྱེ་བོ་འཇུངས་དགའ་བ།།

སེར་སྣ་འཕགས་མིན་ལགས་པར་སངས་རྒྱས་གསུངས།།

de ltar yi dwags rnams kyis sna tshogs pa'i//

sdug bsngal ro gcig thob pa gang lags pa//

de yi rgyu ni skye bo 'jungs dga' ba//

ser sna 'phags min lags par sangs rgyas gsungs//

'그와 같이 아귀들은 어찌 되었든[216] 다양한

고통 중에 (오직 그) 한 가지 맛[味]만 얻는다.

그것의 원인은 바로 중생(들)이 인색함을 좋아한 것(이기 때문이니)

인색함[慳]은 좋은 것[聖]이 아니다'라고 부처님께서는 말씀하셨습니

다.[217]

98

མཐོ་རིས་ན་ཡང་བདེ་ཆེན་དེ་དག་གི།།
འཆི་འཕོའི་སྡུག་བསྔལ་ཉིད་ནི་དེ་བས་ཆེ།།
དེ་ལྟར་བསམ་ནས་ཡ་རབས་རྣམས་ཀྱིས་ནི།།
ཟད་འགྱུར་མཐོ་རིས་སྲེད་དུ་སྲེད་མི་བགྱི།།

mtho ris na yang bde chen de dag gi//

'chi 'pho'i sdug bsngal nyid ni de bas che//

de ltar bsam nas ya rabs rnams kyis ni//

zad 'gyur mtho ris slad du sred mu bgyi//

천계[天界]라 할지라도 (선업을 쌓지 않으면 그) 커다란 기쁨[安樂]들의
 (끝인)

죽어 환생한 고통, 바로 그(것) 자체가 (천계의 기쁨) 그것보다 더 큽니
 다.[218]

그와 같이 생각하기 때문에[219] (옛) 성현[220]들은

(목숨이) 다 되어도 천계를 탐애[貪愛][221]하지 않습니다.

99

ལུས་ཀྱི་ཁ་དོག་མི་སྡུག་འགྱུར་བ་དང་། །
སྟན་ལ་མི་དགའ་མེ་ཏོག་ཕྲེང་རྙིངས་དང་། །
གོས་ལ་དྲི་མ་ཆགས་དང་ལུས་ལ་ནི། །
སྔོན་ཆད་མེད་པའི་རྡུལ་འབྱུང་ཞེས་བགྱི་བ། །

lus kyi kha dog mi sdug 'gyur ba dang//

stan la mi dga' me tog phreng rnyings dang//

gos la dri ma chags dang lus la ni//

sngon chad med pa'i rdul 'byung zhes bgyi ba//

"(천신들의 공덕이 다 되었을 때는) 몸의 색깔[形色]이 아름답지 않게
  되고
(수행하며) 앉아 있기를 좋아하지 않고 화환이 시들고
옷에는 더러운 때가 묻고 몸에는
그전에 없던 땀이 생긴다"고 합니다.[222]

མཐོ་རིས་འཆི་འཕོ་སྦྲོན་བྱེད་སྔ་ལྟས་ལྔ།།
མཐོ་ཡུལ་གནས་པའི་ལྷ་རྣམས་ལ་འབྱུང་སྟེ།།
ས་སྟེང་མི་རྣམས་འཆི་བར་འགྱུར་བ་དག།
སྦྲོན་པར་བྱེད་པའི་འཆི་ལྟས་རྣམས་དང་འདྲ།།

mtho ris 'chi 'pho sbron byed snga ltas lnga//

mtho ris gnas pa'i lha rnams la 'byung ste//

sa steng mi rnams 'chi bar 'gyur ba dag/

sbron par byed pa'i 'chi ltas rnams dang 'dra//

천계[天界]에서 죽어 환생하기 전에 (이) 다섯 가지 징표(들)이
천신(들)의 나라[天國]에[223] 머무는 천신들에게 나타나는데
(그것들은) 땅 위의 사람들이 죽게 될 때[224]
생겨나는 죽음의 징표들과 같습니다.

101

ལྷ་ཡི་འཇིག་རྟེན་དག་ནས་འཕོས་པ་ལ།།
གལ་ཏེ་དགེ་བའི་ལྷག་མ་འགའ་མེད་ན།།
དེ་ནས་དབང་མེད་དུད་འགྲོ་ཡི་དྭགས་དང་།།
དམྱལ་བར་གནས་པ་གང་ཡང་རུང་བར་འགྱུར།།

lha yi 'jig rten dag nas 'phos pa la//

gal te dge ba'i lhag ma 'ga' med na//

de nas dbang med dud 'gro yi dwags dang//

dmyal bar gnas pa gang yang rung bar 'gyur//

천신(들)의 세간[天界]들[225]로부터 떠나갈 때[226]
만약 선^善의 어떤 여분도 (남아 있지) 않다면
그 때문에 (아무런) 힘도 없이 축생, 아귀와
지옥에 머무는 그 어떤 (하계 중생)으로 (다시 태어나게) 됩니다.

102

ལྷ་མིན་དག་ནའང་རང་བཞིན་གྱིས་ལྷ་ཡི།།
དཔལ་ལ་སྡང་ཕྱིར་ཡིད་ཀྱི་སྡུག་བསྔལ་ཆེ།།
དེ་དག་བློ་དང་ལྡན་ནའང་འགྲོ་བ་ཡི།།
སྒྲིབ་པས་བདེན་པ་མཐོང་བ་མ་མཆིས་སོ།།

lha min dag na'ng rang bzhin gyis lha yi//

dpal la sdang phyir yid kyi sdug bsngal che//

de dag blo dang ldan na'ng 'gro ba yi//

sgrib pas bden pa mthong ba ma mchis so//

아수라[非志]들이라면 그 본성이 천신(들)의
(수승한) 빼어남을 질투하기에 마음의 고통이 큽니다.
(그래서) 그들은 지혜를 갖추었어도 (그들이 속한) 세간[227]의
장애로 (수승한) 진리를 볼 수 없습니다.[228]

103

འཁོར་བ་དེ་འདྲ་ལགས་པས་ལྷ་མེ་དང་།།
དམྱལ་བ་ཡི་དྭགས་དུད་འགྲོ་རྣམས་དག་ཏུ།།
སྐྱེ་བ་བཟང་པོ་མ་ལགས་སྐྱེ་བ་ནི།།
གནོད་པ་དུ་མའི་སྣོད་གྱུར་ལགས་མཁྱེན་མཛོད།།

'khor ba de 'dra lags pas lha me dang//

dmyal ba yi dwags dud 'gro rnams dag tu//

skye ba bzang po ma lags skye ba ni//

gnod pa du ma'i snod gyur lags mkhyen mdzod//

윤회계는 그와 같으니 천신[天], 아수라[非天]와

지옥생, 아귀, 축생들로

태어나는 것은 좋은 것이 아닙니다. 바로 (이와 같은) 생生(들)은

많은 불요익不饒益[=損害]의 그릇[器]229이 되는 것임을 이해하시기 바랍니

　다.

둘째, 실질적인 가르침 가운데, C(2-3). 열반의 이익이 되는 공덕을 생각함
  으로써 그 길^道을 성취하는 것에 대한 가르침(104-123)

1(2-3-1). (대소)승 공통의 관점에서 행해야 할 바(104-118),

1(2-3-1-1). 이익 되는 공덕을 갖춘 열반을 증득하기 위한 말씀(104-105)

104

མགོའམ་གོས་ལ་གློ་བུར་མེ་ཤོར་ན།།

དེ་དག་ཕྱིར་བཟློག་བགྱི་བ་བཏང་ནས་ཀྱང་།།

ཡང་སྲིད་མེད་པར་བགྱི་སློད་འབད་འཚལ་ཏེ།།

དེ་བས་ཆེས་མཆོག་དགོས་པ་གཞན་མ་མཆིས།།

mgo'm gos la glo bur me shor na//

de dag phyir bzlog bgyi ba btang nas kyang//

yang srid med par bgyi slod 'bad 'tshal te//

de bas ches mchog dgos pa gzhan ma mchis//

머리나 옷에 갑자기 불이 붙으면

그것들을 (서둘러) 끄려 하는 것처럼[230]

윤회에서 벗어나기^{解脫} 위해서[231] 애쓰십시오. 왜냐하면

그보다 더 수승^{殊勝}한 다른 목표는 없기 (때문입니다).[232]

ཚུལ་ཁྲིམས་དག་དང་ཤེས་རབ་བསམ་གཏན་གྱིས།།
མྱ་ངན་འདས་ཞི་དུལ་བ་དྲི་མེད་པའི།།
གོ་འཕང་མི་རྒ་མི་འཆི་ཟད་མི་འཚལ།།
ས་ཆུ་མེ་རླུང་ཉི་ཟླ་བྲལ་ཐོབ་མཛོད།།

tshul khrims dag dang shes rab bsam gtan gyis//

mya ngan 'das zhi dul ba dri med pa'i//

go 'phang mi rga mi 'chi zad mi 'tshal//

sa chu me rlung nyi zla bral thob mdzod//

지계[233]와 지혜, 선정[234]으로
열반적정, (바로 이) 조복調伏[235]하고 무구離垢[236]한
늙지도 않고 죽지도 않는, 한없는[無窮] 한 상태,
땅, 물, 불, 바람, 태양, 달에서 벗어남[離]을 성취하십시오.[237]

2(2-3-1-2). 그것의 인[편]들을 성취하는 것에 대한 가르침(106-108)

1(2-3-1-2-1). 칠보리분(106)

106

དྲན་དང་ཆོས་རབ་འབྱེད་དང་བརྩོན་འགྲུས་དང་། །
དགའ་དང་ཤིན་ཏུ་སྦྱངས་དང་ཏིང་འཛིན་དང་། །
བཏང་སྙོམས་འདི་བདུན་བྱང་ཆུབ་ཡན་ལག་སྟེ། །
མྱ་ངན་འདས་ཐོབ་བགྱིད་པའི་དགེ་ཚོགས་ལགས། །

dran dang chos rab 'byed dang brtson 'grus dang//

dga' dang shin tu sbyangs dang ting 'dzin dang//

btang snyoms 'di bdun byang chub yan lag ste//

mya ngan 'das thob bgyid pa'i dge tshogs lags//

(바른) 생각[念覺]과 (바른 것을 고르는) 택법[擇法覺]과 정진과

(법을 들어 얻는) 기쁨[喜覺]과 경안과 정각과

(그릇된 견해와 번뇌를) 버림[捨覺], 이것이 칠보리분七菩提分[238]이니

(이것이 바로) 열반을 성취하게 하는 선취善聚[239]입니다.

2(2-3-1-2-2). 지관쌍수의 과보로 열반 증득(107)

107

ཤེས་རབ་མེད་པར་བསམ་གཏན་ཡོད་མིན་ཏེ།།
བསམ་གཏན་མེད་པར་ཡང་ནི་ཤེས་རབ་མེད།།
གང་ལ་དེ་གཉིས་ཡོད་པས་སྲིད་པ་ཡི།།
རྒྱ་མཚོ་གནག་རྗེས་ལྟ་བུར་འཚལ་བར་བགྱི།།

shes rab med par bsam gtan yod min te//
bsam gtan med par yang ni shes rab med//
gang la de gnyis yod pas srid pa yi//
rgya mtsho gnag rjes lta bur 'tshal bar bgyi//

지혜 없는 선정[定][240] 없고
선정 없는 지혜도 없습니다.
누군가 저 둘을 갖추면[241] 윤회의
바다를 소 발자국처럼 (작은 것으로) 만듭니다.

3(2-3-1-2-3). 사유의 대상[소지]이 존재하지 않는 상태라는 것을 (알고 이를) 버려 연기(실상)을 이해하기(108-112)[242]

108

ལུང་མ་བསྟན་པ་བཅུ་བཞི་འཇིག་རྟེན་ན།།
ཉི་མའི་གཉེན་གྱིས་རབ་གསུངས་གང་ལགས་པ།།
དེ་དག་རྣམས་ལ་བསམ་པར་མི་བགྱི་སྟེ།།
དེ་ཡིས་བློ་ནི་ཞི་བར་བགྱིད་མ་ལགས།།

lung ma bstan pa bcu bzhi 'jig rten na//
nyi ma'i gnyen gyis rab gsungs gang lags pa//
de dag rnams la bsam par mi bgyi ste//
de yis blo ni zhi bar bgyid ma lags//

(장)아함경[長阿含經]의 14무기[無記][243]는 (이) 세간에서
해의 친구[日親][244]께서 자세히 말씀하신 것입니다.[245]
그것들에 대해서 생각하지 마십시오. 왜냐하면
그것(들)로는 바로 (이) 마음이 평온[=寂靜]해지지 않기 (때문입니다).[246]

མ་རིག་པ་ལས་ཏེ་དེ་ལས་ནི།།
རྣམ་ཤེས་དེ་ལས་མིང་དང་གཟུགས་རབ་འབྱུང་།།
དེ་ལས་སྐྱེ་མཆེད་དྲུག་སྟེ་དེ་ལས་ནི།།
རིག་པ་ཀུན་ཏུ་འབྱུང་བར་ཐུབ་པས་གསུངས།།

ma rig pa las te de las ni//

rnam shes de las ming dang gzugs rab 'byung//

de las skye mched drug ste de las ni//

reg pa kun tu 'byung bar thub pas gsungs//

'무명無明으로부터 업業이, 바로 그로부터
식識이, 그로부터 명색名色이 생겨난다.
그로부터 육처六處가, 바로 그로부터
촉觸 (등 그) 모든 것(들)이 발생한다'고 능인께서 말씀하셨습니다.

རེག་པ་ལས་ནི་ཚོར་བ་ཀུན་འབྱུང་སྟེ།།
ཚོར་བའི་གཞི་ལས་སྲེད་པ་འབྱུང་བར་འགྱུར།།
སྲེད་ལས་ལེན་པ་སྐྱེ་བར་འགྱུར་བ་སྟེ།།
དེ་ལས་སྲིད་པ་སྲིད་ལས་སྐྱེ་བ་ལགས།།

reg pa las ni tshor ba kun 'byung ste//

tshor ba'i gzhi las sred pa 'byung bar 'gyur//

sred las len pa skye bar 'gyur ba ste//

de las srid pa srid las skye ba lags//

바로 (이) 촉觸으로부터 모든 수受가 생겨나고
수受의 소의所衣=근본로부터 애愛가 생겨나게 됩니다.
애愛로부터 취取가 생겨나게 되고
그로부터 유有가 (생겨나고) 유有로부터 생生이 (생겨나는 것)입니다.

སྐྱེ་བ་ཡོད་ན་མྱ་ངན་ན་རྒ་དང་།།
འདོད་པས་འཕོངས་དང་འཆི་བས་འཇིགས་སོགས་ཀྱི།།
སྡུག་བསྔལ་ཕུང་པོ་ཤིན་ཏུ་ཚེ་བྱུང་སྟེ།།
སྐྱེ་བ་འགག་པས་འདི་ཀུན་འགག་པར་འགྱུར།།

skye ba yod na mya ngan na rga dang//

'dod pas 'phongs dang 'chi bas 'jigs sogs kyi//

sdug bsngal phung po shin tu tshe byung ste//

skye ba 'gag pas 'di kun 'gag par 'gyur//

생生이 있다면 비통하기 (그지없는) 병듦, 늙음病老[247]과
바라는 것을 얻을 수 없음[求不得]과 죽음의 공포[死畏] 등의
고통[苦]들[248]의 모임[蘊]이 매우 크게 일어나지만[249]
생生이 그치면[滅] 이 모든 것들이 그치게 됩니다.

 རྟེན་ཅིང་འབྲེལ་བར་འབྱུང་འདི་རྒྱལ་བ་ཡི༎
གསུང་གི་མཛོད་ཀྱི་གཅེས་པ་ཟབ་མོ་སྟེ༎
གང་གིས་འདི་ནི་ཡང་དག་མཐོང་བ་དེས༎
སངས་རྒྱས་དེ་ཉིད་རིག་པ་རྣམ་མཆོག་མཐོང་༎

rten cing 'brel bar 'byung 'di rgyal ba yi//

gsung gi mdzod kyi gces pa zab mo ste//

gang gis 'di ni yang dag mthong ba des//

sangs rgyas de nyid rig pa rnam mchog mthong//

이 연기緣起[250]는 승자勝者의
가르침의 보고[敎藏] 가운데 귀중하고 심오한 것이니
어떤 이가 이것을 여실하게 본다[正見](면) 그는
부처님(의 경지), 최고로 (빼어난) 깨달음 바로 그 자체를[251] 보는[見][252]
  (자입니다).[253]

113

ཡང་དག་ལྟ་དང་འཚོ་དང་རྩོལ་བ་དང་།།
དྲན་དང་ཏིང་འཛིན་དག་དང་ལས་མཐའ་དང་།།
ཡང་དག་རྟོག་ཉིད་ལམ་གྱི་ཡན་ལག་བརྒྱད།།
འདི་ནི་ཞི་བར་བགྱི་སླད་བསྒོམ་པར་བགྱི།།

yang dag lta dang 'tsho dang rtsol ba dang//

dran dang ting 'dzin dag dang las mtha' dang//

yang dag rtog nyid lam gyi yan lag brgyad//

'di ni zhi bar bgyi slad bsgom par bgyi//

정견正見과 정명正命과 정정진正精進과
정념正念과 정정正定, 정어正語, 정업正業과
정사유定思惟 자체가 팔정도八正道254(입니다).
바로 이것을 (열반) 적정255을 (성취)하기 위해 수행해야 합니다.

114

 སྐྱེ་འདི་སྡུག་བསྔལ་སྲེད་པ་ཞེས་བགྱི་བ།།
དེ་ནི་དེ་ཡི་ཀུན་འབྱུང་རྒྱ་ཆེན་ཏེ།།
འདི་འགོག་པ་ནི་ཐར་པ་ལགས་ཏེ་ལམ།།
དེ་ཐོབ་འཕགས་ལམ་ཡན་ལག་དེ་བརྒྱད་ལགས།།

skye 'di sdug bsngal sred pa zhes bgyi ba//

de ni de yi kun 'byung rgya chen te//

'di 'gog pa ni thar pa lags te lam//

de thob 'phags lam yan lag de brgyad lags//

"금생의 고[苦諦]는 탐애(로부터 비롯된다)"고 말합니다.

바로 그것[탐애] (때문에) 그것[苦諦]의 모든 광대한 모임[集諦]이 (일어나
  며) 그리고

이것을 그쳐[滅諦] 해탈하는 것이 도[道諦]입니다.[256]

그것을 성취하는 (길이 바로) 저 팔정도八正道입니다.

6(2-3-1-2-6). 진리를 본[觀] 사부(대중)이 애써 노력하는 것에 의지함으로 써 두려움을 없애기(115b-117)

115

དེ་ལྟར་ལགས་པས་འཕགས་པའི་བདེན་པ་བཞི།།
མཐོང་བར་བགྱི་སླད་རྟག་ཏུ་བརྩོན་པར་བགྱི།།
པང་ན་དཔལ་གནས་ཁྲིམ་པ་རྣམས་ཀྱིས་ཀྱང་།།
ཤེས་པས་ཉོན་མོངས་ཆུ་བོ་ལས་བརྒལ་བགྱི།།

de ltar lags pas 'phags pa'i bden pa bzhi//
mthong bar bgyi slad rtag tu brtson par bgyi//
pang na dpal gnas khrim pa rnams kyis kyang//
shes pas nyon mongs chu bo las brgal bgyi//

그와 같은 것이 (바로) 사성제(입니다).
(이를) 관觀하기 위해서는 항상 (애써) 정진해야 합니다.
(이를 받들어) 유념하면[257] 부유하게 지내는 재가신자들도
지혜로써 번뇌의 강을 건널 수 있습니다.

གང་དག་ཆོས་མངོན་བགྱིས་པ་དེ་དག་ཀྱང་།།
གནམ་ལས་བབས་པ་མ་ལགས་ལོ་ཐོག་བཞིན།།
ས་རུམ་ནས་འཐོན་མ་ལགས་དེ་དག་སྔོན།།
ཉོན་མོངས་རག་ལས་སྐྱེ་བོ་ཁོ་ནར་བས།།

gang dag chos mngon bgyis pa de dag kyang//

gnam las babs pa ma lags lo thog bzhin//

sa rum nas 'thon ma lags de dag sngon//

nyon mongs rag las skye bo kho nar bas//

어떤 이들, (즉) 법의 (실상을) 깨달은 그들이라도
낱알[258]처럼 하늘에서 떨어지지 않았고
땅 속에서 (바로) 생겨나지도 않았습니다.[259] 그들 (또한) 예전에는
번뇌에 휘둘리던[260] 중생(들)이었을 뿐입니다.

བསྐྱངས་དང་བྲལ་ལ་མང་དུ་གསོལ་ཅི་འཚལ།།
ཕན་པའི་གདམས་ངག་དོན་པོ་འདི་ལགས་ཏེ།།
ཁྱོད་ཀྱི་ཐུགས་དུལ་མཛོད་ཅིག་བཅོམ་ལྡན་གྱིས།།
སེམས་ནི་ཆོས་ཀྱི་རྩ་བ་ལགས་པར་གསུངས།།

bsnyengs dang bral la mang du gsol ci 'tshal//

phan pa'i gdams ngag don po 'di lags te//

khyod kyi thugs dul mdzod cig bcom ldan gyis//

sems ni chos kyi rtsa ba lags par gsungs//

(그대와 같이) 두려움을 여읜 이에게 (더) 많은 (부연) 설명이 무엇
   때문에 필요하겠습니까?
유익한 충고들의 요체는 (다만) 이 (정도)입니다. 그러니
(그대는) 그대의 마음을 (이에 따라) 조복[261] 시키십시오. 세존世尊께서는
'바로 이 마음[心][262]이 (일체)법의 근본이다'라고 말씀하셨습니다.

118

བྱོད་ལ་དེ་སྐད་གདམས་པ་གང་ལགས་དེ།།
བས་པར་དགེ་སློང་གིས་ཀྱང་བགྱི་བར་དགའ།།
འདི་ལས་གང་ཞིག་སྤྱོད་པའི་ངོ་བོ་དེའི།།
ཡོན་ཏན་བསྟེན་པས་སྐུ་ཚེ་དོན་ཡོད་མཛོད།།

khyod la de skad gdams pa gang lags de//
bas par dge slong gis kyang bgyi bar dka'//
'di las gang zhig sbyod pa'i ngo bo de'i//
yon tan bsten pas sku tshe don yod mdzod//

그대에게 (앞서) 그런 조언(들)을 했습니다.[263] (그러나) 그것(들)을
완벽하게 실천하는 것[264]은 출가자(들)도 (사실) 행하기 어렵습니다.
(다만) 이로부터 (그) 무엇을 행하더라도 (그 행실의 진정한) 성품[眞性]
  인
공덕을 수행하는 것으로써 (그대의) 삶을 의미 있게 하십시오.[265]

2(2-3-2). 대승의 도과와 함께 성취해야 할 바에 대한 가르침(119-123)

1(2-3-2-1). 그 도를 행함(119-121)

119

ཀུན་གྱི་དགེ་བ་ཀུན་ལ་ཡི་རང་ཞིང་། །
ཉིད་ཀྱིས་ལེགས་པར་སྤྱད་པ་རྣམ་གསུམ་ཡང་། །
སངས་རྒྱས་ཉིད་ཐོབ་བགྱི་སླད་ཡོངས་བསྔོས་ནས། །
དེ་ནས་དགེ་བའི་ཕུང་པོ་འདི་ཡིས་ཁྱོད། །

kun gyi dge ba kun la yi rang zhing//

nyid kyis legs par spyad pa rnam gsum yang//

sangs rgyas nyid thob bgyi slad yongs bsngos nas//

de nas dge ba'i phung po 'di yis khyod//

모든 선행[善][266]을 모든 (유정들)에게[267] 즐겁게 (베푸십시오). 그리고

자신의 (身口意, 이) 세 가지에도 좋은 행실[三善行](을 갖춰)

깨달음 자체[=부처님의 경지]를 성취하기 위해서 완벽하게 회향[圓滿回向]하십시오. 왜냐하면

그로부터 (모든) 선업[善]들이 모이기[善蘊] (때문입니다). 이로써 오 그대여!

120

སྐྱེ་བ་དཔག་ཏུ་མེད་པ་ལྷ་མི་ཡི། །
འཇིག་རྟེན་ཀུན་གྱི་རྣལ་འབྱོར་དབང་མཛོད་ནས། །
འཕགས་པ་སྤྱན་རས་གཟིགས་དབང་སྤྱོད་པ་ཡིས། །
སྐྱེ་བོ་ཉམ་ཐག་མང་པོ་རྗེས་བཟུང་སྟེ། །

skye ba dpag tu med pa lha mi yi//
'jig rten kun gyi rnal 'byor dbang mdzod nas//
'phags pa spyan ras gzigs dbang spyod pa yis//
skye bo nyam thag mang po rjes bzung ste//

한없는[無量] 천신, 인간의 생生 동안
모든 세간의 수행[瑜伽行]268을 자유롭게 행하신
성스런 관자재보살이
불쌍한 많은 중생(들)을 끝까지 도와주셨듯이

འཁྲུངས་ནས་ན་རྒ་འདོད་ཆགས་ཞེ་སྡང་རྣམས།།
བསལ་ཏེ་སངས་རྒྱས་ཞིང་དུ་བཅོམ་ལྡན་འདས།།
འོད་དཔག་མེད་དང་འདྲ་བར་འཇིག་རྟེན་གྱི།།
མགོན་པོ་སྐུ་ཚེ་དཔག་ཏུ་མེད་པར་མཛོད།།

'khrungs nas na rga 'dod chags zhe sdang rnams//

bsal te sangs rgyas zhing du bcom ldan 'das//

'od dpag med dang 'dra bar 'jig rten gyi//

mgon po sku tshe dpag tu med par mdzod//

그곳에 태어나는 것(만으로도)[269] 병듦, 늙음, 탐욕, 성냄 등[270]을
떠난 (서방) 불토佛土[271]에 세존(으로 계시는)
아미타불[272]처럼, 세간의
한없는[無量] 생애 동안 (중생의) 보호자[273]가 되십시오

122

ཤེས་རབ་ཚུལ་ཁྲིམས་གཏོང་འབྱུང་གྲགས་ཆེན་དྲི་མ་མེད།།
ལྷ་ཡུལ་ནམ་མཁའ་དང་ནི་ས་སྟེང་རྒྱས་མཛད་ནས།།
ས་ལ་མི་དང་མཐོ་རིས་ལྷ་ནི་ན་ཆུང་མཆོག།།
བདེ་དགས་དགའ་བ་ངེས་པར་རབ་ཏུ་ཞི་མཛད་དེ།།

shes rab tshul khrims gtong 'byung grags chen dri ma med//

lha yul nam mkha' dang ni sa steng rgyas mdzad nas//

sa la mi dang mtho ris lha ni na chung mchog//

bde dgas dga' ba nges par rab tu zhi mdzad de//

지혜, 지계, 보시[274]의 큰 명망과 (청정)무구無垢함이

천계, 허공(계)와 바로 (이) 땅 위에 두루 퍼지면[275]

땅에서는 사람(들의 최고가 되)[276]고 천계에서는 (빼어난) 젊은 천녀天女 (들)과 최고의

쾌락을 즐기고 (더 나아가) 확실하게 최고의 평온[最極寂靜]을 얻게 되니

ཉོན་མོངས་ཉམ་ཐག་སེམས་ཅན་ཚོགས་ཀྱི་འཇིགས་སྐྱེ་དང་།།
འཆི་བ་ཞི་མཛོད་རྒྱལ་བའི་དབང་པོ་ཉིད་བརྙེས་ནས།།
འཇིག་རྟེན་ལས་འདས་མིང་ཙམ་ཞི་ལ་མི་བསྙེངས་པ།།
མི་བགྲེས་ནོངས་པ་མི་མངའི་གོ་འཕང་བརྙེས་པར་མཛད།།

nyon mongs nyam thag sems can tshogs kyi 'jigs skye dang//

'chi ba zhi mdzod rgyal ba'i dbang po nyid brnyes nas//

'jig rten las 'das ming tsam zhi la mi bsnyengs pa//

mi bgres nongs pa mi mnga'i go 'phang brnyes par mdzad//

번뇌로 (고통 받는) 불쌍한 유정들의 두려움, 생生과
사死를 적정寂靜하게 만드는 최승자最勝者(의 果를) 얻으시는 것으로써
세칭 출세간出世間이라 불리는 적정[寂靜]을, (그) 무소외無所畏[277](의)
늙지도 않고, 과실過失도 없는 과위果位를 얻으십시오.[278]

བཤེས་པའི་སྤྲིངས་ཡིག་སློབ་དཔོན་ཆེན་པོ་འཕགས་པ་ཀླུ་སྒྲུབ་ཀྱིས་མཛའ་བོ་བདེ་སྤྱོད་བཟང་པོ་ལ་བསྐུར་བ་རྫོགས་སོ།།

རྒྱ་གར་གྱི་མཁན་པོ་སརྦ་ཛྙཱ་དེ་བ་དང་ཞུ་ཆེན་གྱི་ལོ་ཙཱ་བ་བནྡེ་དཔལ་བརྩེགས་ཀྱིས་བསྒྱུར་ཅིང་ཞུས་ཏེ་གཏན་ལ་ཕབ་པའོ།།

bshes pa'i springs yig slob dpon chen po 'phags pa klu sgrub kyis mdza' bo bde spyod bzang po la bskur ba rdzogs so//

rgya gar gyi mkhan po sarvajnādevā dang zhu chen gyi lo tshā ba bande dpal brtsegs kyis bsgyur cing zhus te gtan la phab pa'o//

(이) 『친구에게 보내는 편지』는 위대한 아짜리아인 성스런 용수께서 친구인 가우따미뿌뜨라에게 보내기 위해서 지으신 것입니다.

인도의 친교사 사르바자나데바*Sarvajnādeva*와 대표 편집자이자 역경사인 승려[279] 뻴쩩*dpal brtsegs*이 옮기고 받아 적은 것인데 (이제) 모두 마칩니다.

해제-옮긴이 후기

인도사상사에서 가장 파급력이 컸던 인물은 '붓다', 즉 '깨달은 자'라고 불리는 가우따마 싯다르타라고 봐도 지나친 과장은 아니다. 왜냐하면 우빠니샤드 시대(B. C. 1,500 ~ 500)의 마지막 즈음에 등장한 그는 신성한 가르침인 '베다*Veda*'에서 강조한 '아뜨만*ātman, 我*'을 부정하는 '아나뜨만*anātman, 無我*'을 전면에 내세웠고, 사물과 사람은 고정불변이 아닌 연기적 존재라는 것을 혁명적으로 주장했기 때문이다. 이것은 베다의 가르침을 충실하게 따랐던 브라흐만교가 우빠니샤드의 시대를 거치며 힌두교로 탈바꿈하였지만 본질적으로 이 무아와 연기사상이라는 붓다의 가르침을 대치점으로 상정하며, '아*我*'에 대한 세련된 논의를 위해 발버둥쳤던 인도사상사와 그리고 인간 '가우따마 싯다르타'를 '보존의 신'인 비쉬누의 환생의 하나로 격상시켰던 인도문화사, 풍속사를 통해서 확증할 수 있다.

이 책의 저자인 '용수'라는 한 역사적 인간이 보살의 칭호를 받으며 '제2의 붓다'라고 불리게 된 것은 붓다의 뒤를 이은 그의 중관사상이 인도사상계에 끼친 영향력을 보여주는 대표적인 수식어이다. 뿐만 아니라 한역 대장경권에서 모든 종파를 아우른다는 '팔종지조사*八宗之祖師*'라고 그를 부르는 것과 현밀 쌍수를 강조하는 티벳불교권에서 가우따마 붓다보다 그를 더 높이 평가하는 것은 그의 사상이 얼마나 큰 영향을 끼쳤는가를 반증하는 것이다.

그럼에도 붓다 사후 약 5백년 후의 인물로 알려진 그의 생애에 대한 연구는 더디기만 하다.

> '용수와 샤따바하나. 용수의 위대한 친구라 일컬어지고 그를 위해서 쉬리빠르바뜨*Śrīparvat*에 승원을 건립해주었던 샤따바하나 왕은 그의 선대들의 신앙으로부터, 즉*viz* 불교적 신앙으로 전향한 것으로 보이며; 용수는 그에게 권계*admonition*의 편지들을 썼다. 이 왕인 친구는 "3좌座의 왕"이었다는 평판이 자자하다. 이 왕은 아마도 그의 어머니 바라쉬리*Bālaśri*가 (보시한) 나시끄 판*Nasik Edition*에 나와 있는 "3좌座의 왕"처럼 그의 혈통에서 유일한 "브라흐만"이라고 불리던 가우따미뿌뜨라 샤따까르니*Gautamīputra Śātakarṇī*였을 것이다.'
>
> — 졸저, 『용수의 사유』, p. 115에서 재인용

이것은 벤까따 라마난 선생님의 연구 결과로, 가우따미뿌뜨라 샤따까르니가 이 『친구에게 보내는 편지』의 수신자라는 티벳전통과 일치하는 것이다. 우리는 남인도에서 유일하게 북인도의 뻔잡*Punjab* 지방까지 점령하였던 샤따바하나*Sātavāhana* 왕조의 군주인 이 역사적인 인물의 생애를 주목할 필요가 있다. 왜냐하면 그의 재위시기를 정확히 추적하면 일반적으로 알려진 용수의 생몰연대인 C. E. 150 ~ 250보다 좀 더 정확한 기록을 얻을 수 있기 때문이다. (100 ~ 50년 정도 앞당겨지지 않을까 싶다.) 이와 같은 일은 전문 연구자들이 할 일이니 잠시 한쪽으로 제쳐 두고 일단 가우따미뿌뜨라가 당대의 패자覇者였다는 점만 주목하도록 하자. 일반적인 예상, 즉 남인도의 고만고만한 소왕국의 왕의 법사法師가 아니라 전인도를 호령하던 대군주의 친구로서 용수를

유념하면 상당히 흥미로운 가설이 생겨난다.

왜냐하면 부파불교 및 초기 대승불교의 연구 결과처럼 그의 중관사상은 남인도에서 흥기한 반야부般若部, *Prajñāpāramitāvāda*의 공空사상을 논리적으로 해석한 것이라고 했을 때, 그의 치열한 논쟁적 자세가 당시 북인도에 둥지를 틀고 붓다의 가르침을 현상학적 · 형이상학적으로 해석하였던 설일체유부說一切有部, *Sarvāstivāda*와 경량부經量部, *Sautrāntika*에 대한 대립항으로 이루어졌을 것이라는 가설을 마련할 수 있기 때문이다. (이 가설은 '정치 이데올로기로서 중관사상의 출현'이라는 매우 흥미로운 내용으로 채워질 것이다. 이 또한 전문 연구자들의 몫이다.) 물론 용수의 중관사상은 인류가 성취한 모든 형이상학에 대한 반명제antithesis의 결정판이라는 그 고유한 가치는 영원할 것이지만 말이다. 이『친구에게 보내는 편지』에도 그의 중관적 사유는 간간히 드러난다. (자세한 내용은 본문의 각주 참조.)

'색色은 아我가 아니다'라고 (부처님께서) 말씀하셨듯 아我는

색色을 가지고 있지 않고 색色에는 아我가 머물러 있지 않고

아我에는 색色이 머물러 있지 않습니다. 그와 같이

다른 네 가지 온蘊도 역시 공空이라는 것을 이해하십시오. (49)

(오)온五蘊은 임의로 (발생한 것이) 아니며, 시간에 따라 (발생한 것이) 아니며

자성自性으로부터 (발생한 것이) 아니며, 실체實體 자체로부터 (발생한 것이) 아니며

자재천自在天으로부터 (발생한 것이) 아니며, 무인無因인 것이 아닌

무지로부터 그리고 탐애[愛]로부터 발생한 것임을 깨달으십시오. (50)

압권은 바로 이 게송이다.

> 진제[眞諦]를 관[觀]하기 위해서는 사태[事態]들에 대해서
> 합리적인 방법에 따라[如理] 마음[意]을 움직이는 그것에 익숙해져야[習]
> 합니다.
> 그와 같이 (행하면) 공덕을 갖춘
> 다른 어떤 현상[法]들(마저)도 존재하지 않게 됩니다. (27)

여기서 그는 구사론자들이 추구하던 현상 자체의 분석 대신에 이제론[二諦論]에 따라 진제[眞諦, *paramārtha satya*]의 중요성을 강조하고 있다. 비록 공덕을 갖춘 것이라 할지라도 실제로 존재하는 것이 아니라는 이 철저한 부정주의적 자세야말로 용수의 중관사상의 핵심이라 해도 지나친 과언은 아닐 것이다. 그의 철학적 사유는 『중론』, 『회쟁론』 등에서 다루어진 주제라 여기서는 길게 설명되어 있지 않지만 이 하나의 게송만으로도 '말로 표현할 수 없는' 진제의 영역에 대한 그의 사유를 엿볼 수 있다.

그러나 이 책은 기본적으로 친구에게 보내는 '편지'답게 속제[俗諦, *saṃvṛti satya*]의 논리에 따라 세속에서 공덕을 쌓는 것에 방점을 찍고 있으며 삼계육도를 오가는 중생들의 그침 없는 과보에 대해 자세하게 설명하고 있다. 당대의 패자에게 선업을 쌓지 않으면 다음 생은 지옥행이라고 '대놓고' 겁을 주며 엄격한 계율을 따를 것과 선행을 쌓고 지혜를 갖추라고 일갈하는 용수에게서 출가자로서의 엄격함과 당당

함을 어렴풋이나마 느끼게 된다.

'그런 친구에게 충고의 편지를 받은 왕은 어떤 표정을 지었을까?'

아무리 절친한 사이라지만 떨떠름했을 것이다. 그래도 명색이 전인도의 패자, 남부주의 대왕인데! 그러나 한 점 부끄러움이나 두려움이 없는 용수는 계戒의 중요성(10), 올바른 식사법(38), 그리고 음욕(21, 25)을 다스리는 대치법 등을 거리낌 없이 들려준다. (이 게송들은 이미 『용수의 사유』에서 다루었으므로 별도로 논의하지 않겠다.)

용수가 절대군주인 자신의 친구에게도 반드시 따를 것을 강조한 이와 같은 '철저한 계행, 그 도덕적 생활'이 실제로 우선되어야만 그의 사유를 올바르게 체득할 수 있을 것이다. 지금의 한국 상황에서는 그의 철학적 사유인 중관사상에 대한 이해보다 이것이 더욱 중요하다고 여겨져 이 『친구에게 보내는 편지』를 그의 다른 철학적 저작들보다 먼저 우리말로 옮겼다. 그가 강조한 이런 삶을 관통하는 지혜와 복덕으로 이루어진 공덕을 쌓고자 하는 자세만 제대로 배워 갖춰도 **"모든 것이 공이다!"**는 헛된 단견으로 그의 총체적 사유를 곡해하는 일은 그칠 것이라 믿기 때문이다.

티벳불교에서 이 서한집의 중요성은 20여 종의 주석서들이 있을 만큼 강조되었는데, 여기서 종종 인용한 NF가 그 중의 한 권이고 전체적으로 취합한 것이 NK다. 모두 쫑카빠 대사의 큰 스승인 렌다와 스님의 말씀을 담은 것이지만, 주석서에 크게 의지하지 않은 것은 각주에 적은 내용들을 주로 설명하고 있었기 때문이다. 한역 3종의 경우는 필요한 불교 용어라도 찾을 요량으로 펼쳐보았으나 큰 도움이 되지 않았다. 다만 티벳역의 정확성과 한역의 '창작성'이 비교되었을 뿐이었다.

문학적으로 9자 1행의 36자 안에 불법의 정수를 넣기 위한 노력이 돋보이는 용수다운 글이지만 운자 등을 살펴보았을 때 좋은 문학 작품으로 보기에는 한계가 많다. 그러니 이를 읽고 음미하기보다는 그 뜻을 새기는 게 합당해 보인다. 티벳불교에서는 '지옥의 고통(77-88)'에서부터 이후 윤회계의 유정들이 당하는 고통을 특히 강조하며, 여러 논서들에서 이 부분을 두루 언급하고 있다.『아함경』인용이 보기 드문 티벳불교에 용수가 얼마나 크게 영향을 끼쳤는지 엿볼 수 있는 대목이다. 한역 대경장권에서는 제자백가의 여러 경험지經驗知들이 강조된 중국이라는 필터를 통해 불교가 전래된 이래, 비록 3종의 역본들이 있다고는 하나 '소의所衣 경전root text'에 따라 각 종파들이 발달한 관계로 이 '서한집'은 크게 주목받지 못했다. 이전에 구축된 도덕률도 한몫했을 것이다.

뒷부분의 이 대목은 그 내용과 문장이 앞부분과 크게 달라 뜻을 따라 옮길 것인지, 읽기 쉽게 옮길 것인지가 문제였다. 직역을 선호하는 역경사가 마주친 난제 중의 난제라 결국은 이 둘을 혼용하여 썼으니 일관성 있는 번역이라 볼 수도 없다. 게송 전체를 '습니다'체로 옮겼는데 티벳어의 존칭어들이 사용된 것을 통해보자면 옳은 것이지만 '산스끄리뜨어 원문이었다면 어땠을까?' 하는 약간의 호기심이 생긴다. 출가자는 왕보다 높게 여겨졌기 때문에 쁘라끄리뜨Prakrit, 즉 구어口語에서는 상호 존칭을 썼을 것이 확실하지만 문어文語에서는 '하게'체나 '해라'체로 썼을 것이라는 생각도 약간 든다. 비록 그렇다

144

할지라도 '습니다'체로 옮긴 것은 티벳판본들이 존칭어로 옮겨진 경우와 같다 하겠다. 산스끄리뜨어 원문이 소실된 이래 이 문제는 대충 이 정도에서 접고 들어가야 할 듯싶다.

지금까지 출판된 여러 티벳어 경론들과 달리 '목차'인 '쌉쩨sa bcad'를 처음으로 넣어보았으나 여전히 '주석註釋, footnote 불교'인 티벳불교는 번잡하다는 느낌이다. 다만 123개의 게송밖에 되지 않으니 재미삼아 같이 읽어봐도 나쁠 것 같지는 않다.

본문보다 더 길고 긴 여러 각주들은 용수의 감히 범접할 수 없는 계정혜戒定慧 삼학三學의 깊은 통찰을 스스로 이해하고자 붙여둔 사족이다. 싸꺄 빤디따의 『선설보장론(서이원)』의 졸역에 뒤이어 티벳학 특히 티벳불교를 전공하는 그리고 전공하고자 하는 학인들을 위해서 다시 티벳어 원문과 함께 이번에는 로마자 표기까지 병기하며 문법 해제까지 덧붙이는 번거로운 작업을 진행하였다. 오류가 있다면 여러 연구자들의 질책을 바란다. 이런 번잡스런 구조 때문에 일반 독자들에게 다시 한 번 사과의 말씀을 전하지만 올바른 역경 문화와 불교의 학술 풍토 진작을 위해서 당분간 이렇게 '공부꺼리'를 제공할 생각이다.

이 글을 처음으로 접한 게 10여 년 전이고 완역하여 컴퓨터에 입력해 둔 지가 3년 전이라 그 동안 티벳어가 조금이라도 늘었어야 마땅하겠지만 그렇지 못한 것은 둔한 근기根器 탓이다. 아미타불과 정토를 믿는 이들은 경을 베껴 쓰고 배포하는 사경공덕寫經功德을 서방정토로 가는 길이라 강조하지만, 경론의 뜻을 제대로 이해하지 못한 채 옮기는 역경사가 갈 곳은 무간지옥의 제일 아래층일 것이라는 농담을 종종 한다. 제일 아래층일지는 모르겠으나 무간지옥은 이미 따 놓은 당상이다. 옮긴 글이 옳고 좋으면 보살이 된 인간 용수의 공덕이고, 조금이라도 틀림이 있다면 이는 모두 부족한 역경사 신모 탓이다.

　이 졸역을 출판해 준 도서출판 b의 조기조 형과 여러 지인들에게 사경공덕이 함께 할 것이라 믿는다.

샨띠의 우거에서

覃程　辛尙桓

미 주

1. '아짜리야*ācārya*'는 '아차리야^{阿遮利耶}' 또는 '아도리^{阿闍梨}'라고 음역하고 친교사, 궤범사 등으로 의역한다. 보통 계를 내릴 수 있는 지위에 있는 승원의 큰 스님들을 가리킬 때 쓴다. 오늘날에도 인도에서는 대학의 총장이나 학자들을 부를 때 이 존칭어를 사용하고 있다.

2. ||རྒྱ་གར་སྐད་དུ། སུཧྲྀད་ལེཁ། བོད་སྐད་དུ། བཤེས་པའི་སྤྲིངས་ཡིག།

   //rgya gar skad du/ Suhṛllekha/ bod skad du/ bshas pa'i springs yig/

3. 지혜의 상징인 문수보살을 예경하는 것은 지혜에 대해서 다루겠다는 의미다.

4. 산스끄리뜨어 '수가따*sugata*'로 붓다의 '10종 이명^[十號]' 중의 하나다. 해자하면 '(금생의 고로부터 피안으로) 잘 건너신 이'라는 뜻이다. 붓다라는 명칭을 사용하지 않고 이처럼 쓴 것은 용수가 가진 사유의 파편 중, 그에게 절대적인 영향을 끼친 반야부가 가진 '금생의 고^苦로부터 피안^{彼岸}'으로 건너간다는 뜻이 함축되어 있음을 엿볼 수 있다. 이후 본문 중에 계속해서 붓다의 이명이 사용되는데 여기서는 이 방식을 따라 옮겼다.

   [BD] 십호^{十號}: 석가모니 부처님에 대한 열 가지 덕호^{德號}. 석가모니의 본래 성은 가우따마*Gautama*, 이름은 싯다르타*Siddhārtha*였다. 하지만 불교 문헌에서는 다음과 같은 특별한 호칭 열 가지로써 다양하게 표현하고 있다. 1. 여래^{如來}: 완전한 인격을 갖춘 사람. 2. 아라한^{阿羅漢}: 존경받을 만한 사람. 3. 정변지^{正遍知}, 또는 정등각^{正等覺}: 바른 깨달음을 얻은 사람. 4. 명행족^{明行足}: 밝은 지혜와 실천을 구현한 사람. 5. 선서^{善逝}: 윤회의 생사도에 빠지지 않고 피안의 언덕으로 잘 건너간 사람. 6. 세간해^{世間解}: 세간의 일을 모두 알고

있는 사람. 7. 무상사無上土: 더없이 높은 최상의 사람. 8. 조어장부調御丈夫: 거친 자를 모두 제어하는 사람. 9. 천인사天人師: 천신과 인간들의 스승. 10. 세존世尊: 세상에서 가장 존귀한 사람. 여래십호如來十號.

5. '팍빼 장'phags pa'i dbyangs'을 '성음聖音'이라고 직역하였는데 불법佛法에 대한 이야기를 하겠다는 뜻이다.

6. 지나친 의역 때문인지 판본이 달라서 그런지 한역 3본 중에 이에 해당하는 게송은 없다. 이 게송은 3개의 문장으로 구성되어 있는데, 1행은 호격과 저자인 자신이 이어져 있으며, 4행의 '모음이나'로 옮긴 '데뻬bsde bas'는 '모음[集]입니다, 그러니'로도 옮길 수 있다. 짧은 편지글이지만 그 내용이 부처님의 가르침에 근거한 것이니 잘 새겨들으라는 뜻이다. NF는 이에 따라 영역하였다.

　　4행의 마지막 '쎈빼릭gsan pa'i rigs'은 '들어서 아는 것'이라는 뜻으로 1행이 호격과 맞게 권유형으로 옮겼다.

7. 원문은 '시가詩歌'를 뜻하는 '녠snyan, Skt., *kāvya*'이 쓰였으나 용수 스스로 겸양 을 표시하는 것으로 보고 '게송'으로 옮겼다.

8. 1, 3행에 '지딸ji rtar'과 '데쉰de bzhin'이 쓰였다. 보통 '지딸'이 오면 '데딸de rtar'을 받으며 '이와 같이 ~, 그와 같이 ~'로 옮겨지는데 여기서는 '마치 ~, 그와 같이 ~'로 옮겼다. 2행의 '무엇으로 만들어졌어도'로 옮긴 '진빠 찌 다앙 룽bgyis pa ci 'dra'ng rung'은 '만들어졌던 것이 무엇이든'으로 순서대로 옮길 수 있다.

　　불상이 무엇으로 조성되었던 보통 사람들뿐만 아니라 현자들도 공경한 다는 비유를 통해서 자신이 지은 글이 조악하더라도 불법에 따른 것이니 널리 이해해 달라는 겸양의 표현이다.

9. '대능인'으로 직역한 '톱빠 첸뽀thub pa chen po'는 산스끄리뜨어의 '마하무니 *mahāmuni*'를 티벳어로 옮긴 것이다. 보통 샤꺄무니 붓다를 가리킬 때 쓴다. 해자해보면 '큰 깨달음을 얻은 자' 정도가 된다. 붓다의 여러 이명 가운데 여기서는 주로 이것을 사용하고 있다.

[BD] 능인^{能人}: 남을 교화하여 이롭게 하는 사람. 부처님은 다른 이를 교화하여 이롭게 하는 사람이란 뜻으로, 부처님을 능인이라 한다.

10. 1행의 '모든 감미로움'이라고 옮긴 '녠구^{snyan dgu}'의 '녠'은 바로 앞 게송에서 나온 것으로, 보통 시구의 운율, 멜로디 등을 뜻하지만 'sweet'의 뜻이 있어 이에 따라 옮겼다. '구'는 원래 아홉을 뜻하지만 '모든, 전부, 많은'이라는 뜻도 있다. 2행의 '할지라도'는 '양 ~ 뫼끼^{yang ~ mod kyi}'를 옮긴 것이다. 4행의 '더욱 밝게'로 옮긴 '최깔^{chos dkar}'을 한문으로 직접 옮기면 '백법^{白法}(맑은 법)'이 된다. 법, 즉 '달마^{dharma}'에는 현상이라는 뜻도 있다. 여기서는 '그 보이는 현상이 밝다'는 뜻으로 옮겼다.

4행의 마지막에 '락^{lags}'이 쓰였는데 보통 '라'라고 발음한다. 티벳어 회화에서 "예."라고 대답할 때나 "정말?" 등을 말할 때 쓰이며 보통 우리말로 "응, 그래." 등으로도 자주 쓰인다. 매우 드문 경우로 문장 자체의 인용을 나타내기도 한다. 다른 용법으로는 존칭을 나타내는 '~님, ~씨' 등이 있다. 여기서는 '~이다[be 동사]는 것'으로 주로 쓰이고 있다. 이 '락'이 쓰인 게송들은 총 31개(3, 7, 9, 17, 24, 27, 28, 31, 32, 34, 35, 38, 44, 45, 51, 55, 60, 83, 86, 93, 93, 97, 103, 106, 108, 110, 114, 115, 116, 117, 118)이다. 이 정도로 쓰인 예를 통해서 '경론, 논서 등에서 권위를 살리기 위한 간접 인용의 용법'이라고 사전에 '락의 용례의 하나'로 추가할 만하다. '부처님 말씀'이라는 직접 인용까지 포함하면 이 글 전체는 용수가 자기 글의 권위를 살리기 위해 이런 인용들을 주로 사용하고 있음을 알 수 있다.

원래 문장 자체를 간접 인용한 것으로도 볼 수 있고 9자 1행을 맞추기 위해 첨언한 것으로도 볼 수 있어 여기서는 각각의 경우에 따라 달리 옮겼다.

1, 2행과 3, 4행의 비유를 이어보면, '저의 이 보잘것없는 글을 읽으신다면 ~와 같지 않겠습니까? 그렇지요!'라는 의미가 축약되어 있다고 볼 수도 있다. 3, 4행의 비유는 하얀 건물이 밝게 보이지만 달빛이 비추는 밤에 다른 건물들에 비해서 더욱 밝게 빛나 보인다는 뜻이다.

11. 육수념^{六隨念}은 삼보와 계, 사^捨, 천^天을 합쳐 '항상 마음속에 담고 수도의

도움으로 삼는 것'이라고 『집이문론集異門論』에 나와 있다고 한다.

12. 1행에서는 '욕망을 정복한 자'라는 뜻을 지닌 산스끄리뜨어 '지나jina'의 티벳어인 '겔와rgyal ba'가 쓰였다. 2행의 천신으로 옮긴 '하제 뗀빠lha rjes dran pa'는 한역 3본에서는 모두 '천天'으로 통일되어 있고 NF에서는 'deities'로 NK에서는 'Gods'로 되어 있다. 앞선 5종의 공덕 가운데 불법승의 3보 중 승이 승려를 뜻하는 것이 아니라 불교 공동체인 '상가saṅgha'를 뜻한다. NF에서는 사방의 군주가 되기 위한 것뿐만 아니라 욕계 33천에 태어나기 위해서 갖추어야 할 공덕이라고 적고 있다.

13. 십악업의 반대되는 십선업을 가리킨다. 십선업도로 옮겨도 보기 좋을 듯하다.

　　[고] 십선업十善業: 열 가지 선을 행하는 것. 1. 불살생不殺生, 즉 살생하지 않음. 2. 불투도不偸盜, 즉 도둑질하지 않음. 3. 불사음不邪婬, 즉 간음하지 않음. 4. 불망어不妄語, 즉 거짓말하지 않음. 5. 불기어不綺語, 즉 실없고 잡된 말을 하지 않음. (즉 꾸미는 말을 하지 않는다는 뜻이다.) 6. 불악구不惡口, 즉 욕하거나 멸시하는 말을 하지 않음. 7. 불양설不兩舌, 즉 이간질하지 않음. 8. 불탐욕不貪欲, 즉 탐욕을 부리지 않음. 9. 불진에不瞋恚, 즉 노여워하지 않음. 10. 불사견不邪見, 즉 그릇된 견해에 빠지지 않음.

14. 업을 짓는 3가지인 신구의身口意를 뜻한다.

15. 티벳어 가운데 '뗀빠'는 동음이어로 'bstan pa, bsten pa, brten pa' 등 3가지가 있는데 티벳의 식자들도 잘못 적는 경우가 더러 있다.

　　'뗀빠bstan pa'는 '뙨빠ston pa'의 과거형, 미래형으로 '가르치다, 강설하다' 등의 뜻으로 쓰이고 '뙨빠' 또한 명사형으로 개파 조사 등을 가리킨다. 티벳인들의 이름에 자주 쓰이는 '뗀진bstan 'dzin', 즉 '부처님의 가르침을 갖춘 자'처럼 명사형으로 눈에 익은 어휘다. 본문에는 54, 108번 게송에 두 차례 동사로 사용되어 있다.

　　'뗀빠bsten pa'는 '친근하다, 접근하다'는 뜻을 지닌 '뗀비sten pa'의 과거형, 미래형으로 불경에서는 주로 '수행하다'로 옮긴다. 명사로 쓰일 경우 '뗀빠

bsten pa'는 '맥' 또는 '의거하는 지점'을 가리킨다. 본문에서는 총 9회(5, 7, 26, 38, 70, 74, 91, 96, 118)에 걸쳐 사용되었는데 주로 지옥의 고통과 친밀해 져야 되는 경우에 반어법으로, 그리고 종종 '수행하다'로 사용되었다.

'뗀뻬brten pa'는 '뗀뻬rten pa'의 과거형, 미래형으로 보통 '의지하다, 의거하다' 등을 표현할 때, 그리고 '거주하다, 머물다' 등으로도 사용된다. 이것은 티벳어의 연기를 뜻하는 '뗀델rten 'bral'로 친밀한 어휘다. 본문에는 총 4회(2, 33, 61, 62)에 사용되어 있다. 다만 명사형으로 십이연기(112번 게송)와 세간 을 뜻하는 '직뗀jig rten'으로 주로 등장하고 있다.

즉 첫 번째 '뗀뻬bstan pa'는 '뗀진'이라는 이름으로, 두 번째 '뗀뻬bsten pa'는 '수행하다, 친밀하다'는 동사로, 세 번째 '뗀뻬brten pa'는 '세간'이나 '의지하다' 또는 연기緣起를 쓸 때 취하는 것으로 기억하면 된다.

TT의 'JH-Eng'는 '뗀뻬bsten pa'와 '뗀뻬brten pa'와 명확하게 구분하지 않아 혼란을 가중시키는 오류가 눈에 띄는데 여기서는 이와 같은 것을 피하기 위해서 명확하게 적용하였다. 어찌되었던 게송 가운데 이 단어가 나오면 머리를 싸매게 된다.

16. 직역하면 '술 등으로부터 (발생하는 여러 악업을) 피하고'가 된다. 여기서 가리키는 술은 모든 환각 물질을 가리키는데, 인도의 고행자(특히 쉬바의 추종자)들이 이용하는 '간자(마리화나)' 등을 예로 들 수 있다. 티벳에서는 이전에 금연이 매우 철저하게 지켜졌다고 하는데, 구루 린뽀체가 금했다거 나 라싸에 주재했던 청나라 관리들이 아편을 피운 것 때문에 라싸 정부에서 금지시켰다는 등의 설이 있다. 당시 청나라 관원들이 얼마나 부패했었는지 '매독'을 중국병이라고 불렀다고 한다.

17. '기쁨'이라고 옮긴 '게dge'는 3행의 '선'이라고 옮긴 '게와dge ba'의 약자다. 티벳불교의 전통뿐만 아니라 불교적 전통에서 이 '기쁨'은 선善을 가리키는 데 산스끄리뜨어의 '까리아나kalyāna'를 옮긴 것이다. '선한 것이 곧 기쁨이 다'는 이런 자세는 육체적인 쾌락과 거리가 먼 것으로 영역에서는 보통 'virtue'로 옮기고 있다.

18. '덧없고 실체가 없는 것'이라고 옮긴 '요와 닝뽀메gyo ba snying po med'의
'요와'는 불안정하여 흔들리기 쉽다는 뜻이다.

19. '적절하게'로 옮긴 '출쉰tshul bzhin'은 '도리대로, 규칙대로'라는 뜻이 있어
운문하였다. 27번 게송에서는 '합리적인 방법에 따라[如理]'로 옮겼다.

20. 3, 4행에 '보시'가 반복적으로 쓰였는데, '베풂'이라고 옮겨도 좋을 듯하다.
보통 탈격으로 쓰이는 '레las'를 비교격으로 보고 옮겼다.

21. 보시바라밀다를 염두에 둔 것인데 베풂의 대상 중에 브라흐만이 들어가
있는 것이 조금 생소하다. 이 편지의 수신자가 한 왕국의 왕임을 명심하는
것이 좋을 듯하다.

　3행의 말미와 4행만을 두고 보았을 때, '피안으로 건너가기 위한 공덕을
쌓은 것이 곧 보시이기 때문에, 바로 이것이 원인이 되었으니 다른 친구
가운데 최고가 아니겠습니까?'라는 뜻으로 해석된다. 4행 말미의 '촉마 치
소mchog ma mchis so'의 '촉'만 떼어내어 옮기면, '최고가 아닐는지요'가 되는
데 '촉마' 또한 같은 뜻이 있으므로 '최고가 된다'로 옮길 수도 있다. 여기서
는 후자에 따라 옮겼다. 직역하면, '보시와 비교하여 다른 어떤 친구도 수승
한 것은 없다' 정도가 된다.

22. 본문에는 지계의 4가지 특성에 대해서 언급되어 있는데, 렌다와의 주석을
따른 NF에서는 총 5종이 언급되어 있다. 이에 따라 지계의 특징을 옮기자면,
지계는 1) 부서지지 않으며unbroken, 2) 그 (지계의) 가치가 떨어지지 않으며
not be debased, 3) 더럽혀지지 않으며undefiled, 4) 타락하지 않으며untained, 5)
부패하지 않은uncorrupted 특징을 지니고 있다고 한다. 이에 비해서 NK에서는
1) 약화되지 않고(혹은 손상되지 않고)unimpaired, 2) 비난할 게 없으며(혹은
결백하며)blameless 3) (선하지 않은 것과) 섞이지 않았으며not mixed, 4) (세속
의 부나 활동 등을 추구하기보다는 궁극의 깨달음을 지향하기 때문에) 오염
되지 않은unsullied이라고 되어 있다.

　원어를 해자해보면, 1) '악화되지 않고'로 옮긴 '마냠ma nyams'은 한문식으
로 하면, 불퇴락不退落이고, 2) '높고 낮지도 않고'로 옮긴 '뫼미마mod mi dma''

는 NF와 NK의 2번 항과 어울리는데 지계 자체가 가진 가치로 인하여 더 이상 빼고 보탤 것이 없으므로 비난할 게 없다는 뜻이고, 3), 4)항은 NK와 같다.

23. 선정으로 옮긴 '삼뗀bsam gtan'은 정려精慮로도 자주 쓰인다. 산스끄리뜨어로는 '댜나dhyāna'로 티벳인들의 이름으로도 자주 쓰인다.

　　[BD] 선정禪定: 정신 집중의 수련. 마음을 가라앉혀 명상하는 것. 좌선에 의해 몸과 마음이 깊이 통일된 상태. 마음의 평정. 선禪은 원어의 음역이고, 정定은 의역이므로, 같은 뜻의 두 말이 합성된 것. *정려靜慮, 선禪, 정定. ⇒ 선禪.

24. 2행의 '바라밀다(빠롤 친pha rol phyin)'를 여기서는 풀어서 옮겼다.

25. '최승자'라고 옮긴 '곌배 왕뽀rgyal ba'i dbang po'는 보통 붓다의 이명으로 '승자勝者, victor'라고 옮기지만 『능가경』에 이 용례가 있어 이에 따라 옮겼다.

26. 3, 4행에 쓰인 동사 '죄뻬mdzod pa'는 보통 '하다'에 주로 쓰이는 '제뻬byed pa'의 존칭어인 '제뻬mdzad pa'의 명령형이다.

27. 본문에는 '둘의 복수형dual'을 나타내는 '닥dag'이 쓰였으나 생략했다.

28. 2, 4행의 말미에 '락lags'이 쓰였다. 이 용법에 대해서는 앞의 3번 게송 참조. 문장 구조에 따라 첨언하여 직역하였다.

29. 1행의 '위해를 가하는 것'으로 옮긴 '체'tshe'를 NK에서는 살생으로 보고 있다.

30. 재가신자를 위한 계율인 만큼 성교를 금하는 것이 아니라 보고 옮겼다.

31. 대승의 율장 중의 술의 문제는 출가자에 한해서는 금하고 있지만 재가신자에 대해서는 유연하게 적용하는 것이 북방 불교의 특징이라 이에 따라 첨언했다.

32. 원문은 '특별한' 정도를 뜻하는 '케빨khyad par'이 쓰였으나 우리말에 어울리게 운문하였다.

33. [BD] 팔재계八齋戒: 8종의 근주계近住戒로 보통 팔계 또는 팔재계八齋戒라고 부른다.　팔관재계八關齋戒 · 팔재계八齋戒 · 팔계재八戒齋 · 팔계八戒 · 팔지재八

支齋 · 팔소응리八所應離라고도 한다. 팔계는 재가신자인 우바새優婆塞 및 우바니優婆尼가 하루의 밤낮동안 받아 지키는 여덟 가지 계율로, 1) 중생衆生을 죽이지 말 것, 2) 훔치지 말 것, 3) 음행하지 말 것, 4) 거짓말하지 말 것, 5) 술 먹지 말 것, 6) 꽃다발 쓰거나 향 바르고 노래하고 풍류 잡히지 말며 가서 구경하지 말 것, 7) 높고 넓고 큰 잘 꾸민 평상에 앉지 말 것, 8) 때 아닐 적에 먹지 말 것 등을 가리킨다.

34. 보통 가정법으로 쓰이는 '나na'가 나왔으나 여기서는 '이유, 원인, 시간의 순차' 등으로 보고 풀었다.

35. 매달 8, 14, 15, 23, 29, 30일에 행하는 포살布薩, poṣatha, upoṣatha로 이때 팔계를 어겼는지에 대해서 참회한다. '뽀샤타'는 브라흐만교의 소마제 또는 목동들의 제례의식에서 유래했다고 한다.

36. TT에서는 원문의 '늄레snyoms las'도 옳다고 되어 있으나 NK에 따라 '늄네 snyom las'로 바로 잡았다. 이 어휘는 20 수번뇌隨煩惱의 '레로le lo, Skt., kausīdya' 와 동의어다.

37. 이 경구는 크게 3종의 악한 번뇌에 대한 언급으로 1행은 20 수번뇌에 대한 축약이며, 2행은 6종의 근본 번뇌에 대한 축약이고, 3, 4행의 처음은 8종의 오만에 대한 축약이다. 1행에서 '욕심'이라고 옮긴 '착chags'은 2행의 탐욕인 '도착'dod chags'의 축약형으로도 종종 쓰이는데 여기서는 NK처럼 재물에 대한 욕심으로 그 범위를 제한했다. 2행에서 6종의 근본번뇌 가운데 생략된 것은 무명을 뜻하는 치痴, ma rig, Skt., avidyā, 의심[疑], the tshom, Skt., vichikitsā, 악견惡見, tha ba nyon mongs can, Skt., dṛṣṭi 등이다. 8종의 교만驕慢 중 생략된 것은 재물과 병 없음 그리고 좋은 기술을 가진 것에 대한 교만이다.

　　본문에서 아름다움으로 옮긴 '랑초lang tsho'를 『티한사전』에서는 아름다움이라고 옮겼는데, 이것은 용모와도 겹치고 원래의 어휘와도 조금 맞지 않다. 젊은 활기와 이와 같은 것의 아름다움을 뽐내는 교만을 뜻한다.

　　[고] 수번뇌隨煩惱: 근본번뇌에 뒤따라 일어나는 지말적인 번뇌. 1. 구사론에서는 6수면隨眠이라는 근본번뇌에 수반하여 일어나는 다른 번뇌들로서

19종. 방일放逸, 해태懈怠, 불신不信, 혼침惛沈, 도거掉擧, 무참無慚, 무괴無愧, 분忿,
부覆, 간慳, 질嫉, 뇌惱, 해害, 한恨, 첨諂, 광誑, 교憍, 수면睡眠, 회悔. 유식학에서는
6대혹大惑이라는 근본번뇌 이외의 나머지 20번뇌. 분 · 한 · 뇌 · 부 · 광 ·
첨 · 교 · 해 · 질 · 간이라는 10종을 소수혹小隨惑, 무참과 무괴를 중수혹, 불
신 · 해태 · 방일 · 혼침 · 도거 · 실념失念 · 부정지不正知 · 산란散亂이라는 8
종을 대수혹으로 분류한다. 2. 구사론에서는 마음에 따라서 일어나는 뇌란
의 작용을 이루는 모든 번뇌라는 의미로도 적고 있다.

38. 1행에서 여기까지는 명확한 대구를 이루고 있으며 달리 해석하면,

<blockquote>
'불방일不放逸은 불사처不死處요 방일放逸은

사처死處라고'
</blockquote>

정도가 된다. 5위 100법의 11선법善法에 불방일bag yod pa, Skt., *apramāda*이
20 수번뇌의 방일bag med pa, Skt., *pramāda*과 명확하게 대구를 이루고 있는데,
앞선 경구에서 게으름[懈怠]과 비교하자면 불방일은 애써 노력하여 정진한다
는 뜻이 강하다. 영역으로 NF에서는 'mindfulness', NK에서는 'heedfulness'로
옮겼는데 모두 애써 정진한다는 뜻이다. 영역으로 불방일을 'conscientious
wishing to do what is right'라고 라띠 린뽀체의 가르침을 받은 엘리자베스
내이퍼Elizabeth Napper는 옮기고 있다. 자세한 내용은 Rinbochay (L.), *Mind
in Tibetan Buddhism*, New York: Snow Lion Publication, 1980.

39. 4행은 문장의 구조에 따라 직역하였는데, 의역하면 '공경하여 수행하십시
오' 정도가 된다. 문장 구조는 '박bag(음식), 당쩨 빨제dang bcas par mdzod'로,
'당쩨빨'은 동사를 만들어 'having done', '제'는 행하는 것의 존칭 명령형이
다.

40. 1행에서는 '방일'이 그대로 쓰였으나 2행에서는 '박당 덴빨 귤bag dang ldan
par gyur'로 풀어져 있어 이에 따라 옮겼다.

41. 여기서는 샤꺄무니 부처님의 재세시 불법을 외면하다가 이후에 개심한

4명의 유명한 제자들을 예로 들고 있다. 난다*Nanda*는 샤까족 출신으로 출가를 하였으나 속세에 두고 온 아름다운 아내를 잊지 못해 밤마다 속퇴를 감행한 것으로, 앙굴라마라*Aṅgulamāla*는 사모師母의 유혹을 거절했다가 이후 그녀의 모함을 받아 스승의 그릇된 가르침(사람 손가락으로 목걸이를 만들면 득도한다)에 따라 살생을 저지르다가 이후 '나는 멈추었는데 너는 언제 멈출 것이냐!'는 부처님의 일성으로 악행을 버리고 깨달음을 얻은 것으로, 아자따샤뜨루*Ajātaśatru* 왕은 마가다의 태자로 왕권에 눈이 멀어 부왕을 굶겨 죽였으나 이후 개종하여 1차 결집의 재정적 후원자가 된 것으로, 부처님 재세시 6대국의 하나인 까우샴비*Kauśambī* 왕인 우다야나*Udayana*는 밤마다 여자를 번갈아 가며 취하다 그것을 알게 된 모친을 살해했으나 이후 불교도로 개종한 것으로 유명하다.

　　3, 4행의 말미에 쓰인 '떼*te* ~, ~ 쉰*te bzhin*'은 '그것은 (마치) ~ 와 같다'인데 축약하였다.

42. 육바라밀다에서 세 번째인 인욕忍辱 바라밀다를 가리킨다. '성냄을 참는 것'으로 봐도 무방하다.

43. 20 수번뇌의 첫 번째인 '성냄, 화냄, 호전성' 등을 뜻하는 '코와'*khro ba, Skt., khrodha*'가 쓰였다.

44. '주지 마십시오'를 직역하면, '성냄의 기회가 열리는 것을 하지마라' 정도 된다.

　　이 문장의 구조는 1행 어두의 '디딸*di ltar*'을 앞에 나오는 '정진'으로 받아 해석한 경우로, '디딸'은 산스끄리뜨어의 '야뜨*yatas* ~ 따뜨*tatas* ~', 즉 '이와 같이 ~, 그와 같이 ~'를 티벳어로 직역한 것이다. 다른 용법으로는 문장을 새로 시작하는 경우로 이때는 '이와 같은 (정진 가운데)'를 빼고 '인욕 같은 용맹정진은 없으니'로 바로 시작해도 된다. 이 용법은 주로 논서 등에 사용되는데 본문뿐만 아니라 경론들에 두루 등장한다.

45. 소승이 수행으로 성취할 수 있는 4종의 과果에서 예류預流 · 일래一來 · 불환不還 · 무학과無學果(아라한의 경지) 가운데 아라한과 아래에 있는 제3과를 가리킨

다.

　　[고] 사향사과四向四果: 소승불교에서 구분하는 성자의 네 단계. 향은 수행의 목표, 과는 그 목표에 도달한 경지. 예류預流 또는 수다원, 일래一來 또는 사다함, 불환不還 또는 아나함, 아라한이라는 네 단계에 향과 과를 붙여 4향 4과라고 한다.

　　4향은 예류향, 일래향, 불환향, 아라한향. 4과는 예류과, 일래과, 불환과, 아라한과. 욕계와 색계와 무색계의 견혹見惑을 끊어 가고 있는 견도 15심心의 과정은 예류향, 마침내 견혹을 끊어 제16심인 수도修道의 단계에 들어가는 것은 예류과. 욕계의 수혹修惑을 이루는 9품 중 6품까지의 수혹을 끊어 가고 있는 과정은 일래향, 마침내 이 수혹을 모두 끊은 경지는 일래과. 수혹의 나머지 3품을 끊어 가고 있는 과정은 불환향, 이것을 완전히 끊은 경지는 불환과. 이로부터 아라한이 되기까지의 과정은 아라한향, 아라한의 경지에 도달한 것은 아라한과. 아라한과를 얻으면 열반에 들어갈 수 있다.

46. 20 수번뇌의 두 번째인 '분개, 원망, 원한' 등을 뜻하는 '쾬진'khon 'dzin, Skt., upanāda'이 쓰였다. 여기서는 풀어서 쓰고 있으나 4행의 어두에서는 붙여서 쓰고 있다.

47. 4행의 말미에 '편안하게 주무십시오'로 옮긴 '데발 네끼록bde bar gnyed kyis log'이 쓰였는데, '네끼록'에는 관용적인 표현으로 '잠을 자다'는 뜻이 있다. 해자해보면 '자면서 몸을 뒤척이다' 정도 된다.

48. 여기서도 '락lags'이 쓰였다. 3번 게송 각주 참조.
　　NF나 NK에 따르면, 마음sems, Skt., citta속에 다양한 생각들을 하더라도, 특히 선한 생각들을 하더라도 번뇌에 물든 자들은 마치 물에 새기는 것처럼, 그 선한 마음이 사라지지만 법을 갈망하는 자들은 돌에 새기는 것처럼 그것을 오랫동안 마음속에 품고 있는 뜻이라고 한다.

49. 해자해보면, '닝라 밥nying la 'bab'은 '마음에 떨어지는' 정도 된다. 1행에서 각자 말이 생략된 것으로 보고 첨언하여 옮겼다.

50. 보통 '말하다'를 뜻하는 '마smra'가 2행에, '어휘, 단어, 말' 등을 뜻하는

‘칙tshig’이 3행에, 존칭어로 ‘말하다’는 뜻을 지닌 ‘까쩰bka' stsal’이 4행에 두루 쓰여 있다. 4행을 직역하면, ‘(이) 세 가지 구분 (가운데), 이르시길, 그것(들)로부터 마지막을 버려라’가 된다.

51. ‘궁극[究竟]’이라고 옮긴 ‘탈툭mthar thug’은 ‘궁극의 상태’를 가리킨다.

52. 문장 구조에 따라 의역하였는데, 직역하면 ‘밝음으로부터 밝음의 구경이, 어둠으로부터 어둠의 구경이, 밝음으로부터 어둠의 구경이, 어둠으로부터 밝음의 구경’이다.

53. ‘유정’을 뜻하는 ‘강삭gang zag’이 쓰였는데, 이 어휘는 산스끄리뜨어의 ‘뿌드가라pudgala’에 해당하며 3계6도를 오가는 중생들 모두를 가리키지만 주로 ‘윤회하는 존재로서의 인간’을 가리킨다.

54. 동사 ‘죄mdzod’가 쓰였으나 ‘첫 번째를 행하라’ 대신에 우리말에 어울리게 ‘첫 번째가 되라’로 고쳤다.

55. 앞 경구의 ‘유정’ 대신에 ‘사람(미mi)’이 쓰였다.

56. 의정은 암몰라과菴沒羅果, 구나발라는 암바라과菴婆羅果로 음차에 따라 적고 있는데 망고 과일을 뜻한다. 보통 암라菴羅 또는 암라과菴羅果로 적는다.

57. 이 게송을 제대로 이해하기 위해서는 망고 색깔을 유념하는 게 좋을 듯하다. 알폰소 계통의 붉은색을 띤 조생종 망고를 제외하고 망고 색깔은 파란색과 노란색으로 나뉘는데 익기 전에는 모두 속이 하얗지만 익으면 노래진다. 이 게송은 노란 망고를 생각하며 지은 듯하다. 여기서 속은 그 의도를, 겉은 그 행실을 나타낸다.

　　NK에서는 ‘사람들은 이해해야 한다Persons should be understand’로, NF에서는 ‘People should be understand’로 되어 있다. 19번 경구와 이 20번 경구는 용수가 자주 사용하는 사구四句, Skt., Catuṣkoṭi 작법으로 되어 있다.

58. 1행에 ‘본다’는 뜻을 지닌 두 가지 동사가 쓰였다. ‘눈여겨보다’로 옮긴 ‘따blta’는 의지를 가지고 본다는 뜻이고, 말미에 쓰인 ‘통mthong’은 일부러 보려고 하지 않았으나 보게 된다는 의지가 결여된 상태에서 보는 것을 뜻한다.

한문의 견見 정도에 해당하지만 때로 한역 경전에 관觀으로 쓰인 것도 보인다. 한역 역경사들이 정확하게 이 둘의 차이를 유념하면서 옮긴 것 같지는 않다. 일반적으로 견見과 관觀은 산스끄리뜨어의 '다르샤나darśana, 드르스띠dṛṣṭi' 등을 옮긴 것으로 '보다'라는 뜻이다.

59. 원문에는 '두쎄du shes'가 쓰였는데, 이 어휘는 오온五蘊의 체계에서 행行을 뜻하는 티벳어다. 산스끄리뜨어로는 '삼스까라saṁskāra'로, 해자해보면 '함께 행한다'는 뜻이다. 이것은 인식의 대상色이 감각기관의 작용을 통해서 받아들여져受, 마음識과 작용을 일으키고想 난 다음에 그 마음과 함께 영향을 주고받는 단계를 가리킨다.

60. 인상 깊은 경구 가운데 하나로 오직 용수만이 당대의 패자에게 이처럼 음심淫心을 품지 말라고 권하고 그에 대한 대치법으로 부정관不淨觀을 행하라고 할 수 있었으리라. 돈과 명예 그리고 권력을 가진 자들뿐만 아니라 불자라면 모두 명심해야 할 경구다.

61. 문사수聞思修 삼혜三慧의 '들어서 아는 지혜', 즉 문혜로 불법 등을 듣고 배우고 그것을 스스로 생각하고 실천하는 세 가지 지혜의 첫 번째를 가리킨다. 티벳역에서는 이 문혜를 '퇴빠thos pa'로 약술하는데, 산스끄리뜨어의 '스루따śruta', 즉 '듣는 것'을 뜻한다. 여기서는 '문혜'로 통일하여 옮겼다. 삼혜로 보아도 무방하다.

여기서는 이런 배움과 같이 마음을 보호하라는 뜻이다. '배움을 통하여'로 운문하여 옮겨보려고 하였으나, 원문 구조와 맞지 않을뿐더러 영역과도 달라 직역하였다.

62. 1, 2행에 '~와 같이, ~처럼'을 뜻하는 용어인 '충mtshungs, 따불lta bur, 쉰bzhin, 당다왈dang 'dra bar' 등을 두루 써서 9자 1행을 맞추고 있어 이에 따라 옮겼다.

63. 보통 '탐욕'이라고 옮기는 '되빠'dod pa'가 쓰였는데 '욕정(착빠chags pa)'이라고 강조한 '쌉쩨'의 구조에 따라 '욕망'이라고 옮겼다. 다른 곳에서는 '탐욕'이라고 썼으나 원래 같은 글자라 '탐貪'자를 병기했다.

64. '버리다'로 옮긴 '이중yid 'byubg'을 해자해보면, '마음을 일으키다' 혹은

'마음속에 생각 등 무언가가 일어나다, 생기다'는 뜻으로 이것은 세속의 즐거움을 버리는 출리심出離心을 일으킨다는 뜻이다.

[BD]의 『티한사전』에는 이 '이중yid 'byubg'을 다음과 같이 설명하고 있다. 의권, 염리심: 몸을 잘 알고 생, 노, 병, 사의 고통이 자꾸 떠올라서 윤회를 싫어하며 벗어나려는 마음.

65. 복수형으로 받은 것과 3행에 미루어보아 탐진치貪瞋癡 삼독 등을 가리키는데, NF에서는 '욕망의 대상들sensory objects'로 보고 있다.

66. '의정역'에서는 겸박과兼博果로, '승가발마역'에서는 빈파과頻婆果로 음차로 적고 있으며 『장한사전』에는 '낌빠까kim pa ka'로 나와 있다. NK에는 '낌빠까Kimpāka'로 적고 있다. 낌부 열매는 모양이 아름답고 맛이 감미로운 조롱박과 식물의 열매로 독이 있어 잘못 먹으면 죽는다고 한다.

67. 정확하게 옮기자면, '윤회의 감옥의 담장(라와, ra ba)이 되어'인데 축약했다.

68. 5온 18계의 불교 인식론의 체계에서 6종의 감각 기관根의 대상境을 가리킨다.

69. 마음의 작용이 탐욕 등 대상에 의존하거나 집착하는 등의 작용을 하지 않는 평온한 상태를 가리킨다. 달리 말해서 물질적 · 정신적 욕망으로부터 자유스러운 상태를 갖춘 자를 이른다.

70. 2행 문장의 한가운데 보통 '~와, 그리고'를 뜻하는 '당dnag'이 쓰여 있어, 문장을 끊고 있는 것처럼 보이지만 여기서 '당'은 앞서 나오는 '요gyo(동요하는)'를 받아 뒤따라오는 '다른 어떤 사람(강당 찍gang dag cig)'을 수식한다. 문법적으로 매우 보기 드문 경우다.

71. 전체적으로 의역하였는데, 3행의 말미에 비교격을 뜻하는 '레las'가 쓰여 있어 이에 따랐다.

4행의 말미에 동사 '첼와'tsha ba'가 쓰였다. 이 동사는 앞의 예경문에도 나온 것으로, '하다, 만들다' 등의 보조 동사의 기능을 가지고 있다. 본문에는 총 10회(24, 67, 70, 73, 74, 76, 91, 104, 105, 107)에 걸쳐 이 기능으로 쓰이고 있으며, 아귀가 음식을 '찾는다'는 뜻으로도 총 4회(92, 93, 94, 117) 사용되어 있다. 그리고 57, 84번 게송에서는 '무엇 때문에 있겠습니까?'라는 표현에도 나온다. 이와 같은 보조 동사를 주로 사용하면 '~이라는 것을 하다'는 식으로 글이 딱딱해지는 느낌이라 각각의 경우에 따라 달리 옮겼다.

72. 몸에서 풍기는 땀 냄새 등의 악취와 눈·코·귀·입·요관·항문 등의 아홉 가지 구멍[九門]에서 흘러나오는 더러운 분비물·배설물 등을 뜻한다.

73. 문장 구조에 따라 옮겼다. 내용의 요지는 젊은 여성이 아름답게 보여도 그 몸을 이루는 구성물 중에 부정[不淨]하지 않는 게 없으며, 먹고 입는 것 등 그 부정한 것을 채우고자 하는 욕망을 만족시키기 어렵지만 그 겉이 피부나 장식물 등으로 꾸며져 있으니 주의해서 살펴보라는 뜻이다.

   NF나 NL은 이런 외모에서 '분리해서 혹은 따로apart from' 보라고 옮기고 있다. 두 역본들의 구조는 '주의해서 살펴보라'를 띠고 있으며 그 이유는 '1) 속은 채우기 힘들고, 2) 겉은 꾸며져 있다'로 설명하고 있다. 4행의 '꾸며져 있어도'에 '비록 ~해도'를 뜻하는 '양yang'이 쓰여 있는데, 여기서는 3행 말미의 '당dang'과 함께 받아 '~ 하고 ~할 뿐만 아니라'의 구조로 보고 옮겼다.

74. 1행에 '지딸ji ltar', 3행의 말미에 '데당 다왈de dang 'dra bar', 그리고 4행에 '앙'ng'이 쓰여 있는데, 우리말로 옮기면 '마치 이와 같이 ~ 하는 것처럼, 그와 같이 ~ 하는 것 또한 ~'의 구조가 된다. '지딸'이 1행의 어두에 사용되어 있어 이를 살려 옮겼다.

   이 비유는 나병환자가 불로 지져 벌레에 물려 아픈 부위의 고통을 가시게 하지만(사실인지는 모르겠다) 실제로는 자기 자신의 살을 불태울 뿐이라는 뜻으로, 삼독을 탐하는 것 또한 이와 마찬가지라는 뜻이다.

75. 직역하면 '보시는 것[觀]을 행하기 위해서는' 정도 된다. 의도적으로 보다, 주시하다는 뜻을 지닌 '따와lta ba'의 존칭어인 '직빼gjigs pa'가 쓰였다.

76. '사태'라고 옮긴 '뇌'는 '뇌뽀dngos po'의 줄임말로, 용수의『회쟁론』등에 등장하는 논쟁적인 어휘다.『회쟁론』, 김성철 옮김, 경서원, pp. 14-15와 『회쟁론 문법해설집』, pp. 16-17 참조.

산스끄리뜨어 '바바*bhāva*'를 티벳어로 옮긴 게 확실한데, 김성철 교수는 산스끄리뜨어 역본에서는 사물로, 티벳역에서는 사태事態로 그리고 한역에서는 실체實體로 옮겨 두고 있다. 영어로는 'property, substance, event'로 적고 있는데, 경론들에서는 '사물, 실재, 실유, 본유' 등으로 두루 쓰인다.

티벳 역경사들이 이 어휘를 군이 선택한 것에 대해서 좀 더 생각해 보면, 어떤 한 사물이 가지고 있는 실체의 외화外化, 즉 그 인식대상으로써 포착된 존재, 실재적인 모습을 나타내기 위해서 쓴 듯싶다. 이 점에 대해서는 비트겐슈타인의 사태event와 함께 좀 더 고민할 부분이다. 본문에서는 명확한 구분을 위해 '사태'라고 썼으나 한역본처럼 '실체'라고 써도 무방하다.

77. 용수의 중관적 사유를 가장 잘 드러나 보이는 게송으로 NF에서는 장구한 주석을 달아두고 있다. 관련된 게송 가운데『보행왕정론』은 1장 35, 37번 게송과 2장 13번 게송.

> (오)온蘊으로 인지認持된 것을 (항상) 존재한다고 할 때
>
> 그 때 '내 것[我所]'을 가지고 있다[我執]는 (생각이) 존재합니다.
>
> '내 것[我所]'을 가지고 있다[我執]는 (생각이) 존재한다면 또한 업業=有이
>
> (있고)
>
> 그것으로부터 또한 생겨남[生]이 있습니다.(이하 졸역, 1-35)

> 바로 그것은 자타自他 이 둘과
>
> (과거, 현재, 미래) 삼세三世에서도 얻어지는 것이 아니기에
>
> 바로 '내 것[我所]'을 가지고 있음[我執], (이것이) 절멸絶滅됩니다.
>
> 그로부터 (이어지는) 유有와 생生 역시 마찬가지입니다. (1-37)

> 그와 같은 허깨비[幻]인 바로 (이) 세간이
>
> 어디로부터 (왔고 어디로) 가는지, 어디에 가지 않는지(에 대한 의문으로
>
> 부터 생겨난)

어리석은 마음[迷惑心]이 다하지[永盡] 않으면

진실 그 자체에 머물 수 없습니다. (2-13)

『중론』의 경우는 다음 게송 참조. 여성如性, Skt., tattva, suchness에 대해서는
제18 관법法품 9번 게송. 이하 『중론』, 김성철 옮김, 경서원, p. 306.

다른 연緣에 의해서가 아니며, 고요하고, 희론들에 의해 희론되지 않고,
무분별이며, 다양하지도 않은 것이 진리의 상相이다.

연기에 대해서는 같은 책, p. 414의 제24 관사제四諦품 18번 게송.

연기인 것 그것을 우리들은 공성空性이라고 말한다. 그것(=공성)은 의존
된 가명假名이며 그것(=공성)은 실로 중도中道이다.

이 게송이 뜻하는 바에 대해서 '보는 것[觀]'을 영역들은 모두 직관perceiving
으로 옮겨 두었는데 매우 적절하다고 본다. 이 게송에 대해서 NK에서도
빼어난 주석을 달아두었다. NK, p.16.

진제를 논리, 이성, 말, 예 등을 통해서 설명하는 것은 불가능하다. 누구
도 진제가 무엇인지에 대해서 다른 것으로 설명할 수 없다. 그것은 오직
자기 스스로의 깨닫는 것realization을 통해서만 보여지며, 그것이 곧 '스스
로 관觀한 지혜self-seen wisdom'이다.

4행에 등장하는 법法(최chos)도 중의적인 표현으로 여기서는 일반적인 불
법佛法이 아닌 현상phenomenon으로 보고 옮겼다. 무르띠식으로 표현하자면,
사물의 무자성, 연기성을 이해하는 불이의 직관Non-dual Intuition에 습習을
들이면 사물이 항상하다는 상견常見과 항상하지 않다는 단견斷見 등의 근거

가 되는 제 현상[法]들의 실체가 존재하지 않는다는 뜻이다. 여기서는 '공덕을 갖춘 실체'가 이 법에 해당한다. 무르띠, 『불교의 중심 철학』, 김성철 옮김, 경서원, p. 568 참조.

78. 3행의 어두에 쓰인 접속부사 '데떼^{de ltas}'는 보통 긍정으로 받으며, '그렇기 때문에'로 받을 수 있지만 여기서는 1, 2행과 3, 4행의 대구를 명확히 보여주기 때문에 '그렇지만'으로 받았다.

79. '쩨(ces)'는 'g, d, b'에 뒤따라오며 '셰(zhes)'처럼 직접 인용을 표시("～")하는데 여기서는 단어들만 인용하고 있어 '～'로 표시하였다.

80. 팔풍^{八風}, 팔세풍^{八世風}이라고도 한다. 사람의 마음을 동요시키는 8종의 상태, 경향을 가리키는데 본문의 세간팔법과는 약간 일치하지 않는다.

　[고] 팔풍^{八風}: 이익, 쇄로(손실), 명예, 훼멸, 칭호, 조소, 고통(괴로움), 낙(즐거움) 또는 이익, 손실, 칭찬, 비난, 훼^毀(상처를 입히는 짓), 예^譽(칭찬), 즐거움, 괴로움 등을 가리킨다.

81. 2종의 대립 개념들의 네 쌍이 이루고 있다. 바라는 바는 이익, 행복, 명예, 칭찬이고 바라지 않는 바는 불이익(즉 손해), 불행, 불명예, 비난 등이다. 이와 같은 세간법은 본질적으로 상대성을 띠고 있다는 점에서 마음의 평온을 주지 못한다는 뜻이다. 2행의 행복과 불행은 선과 불선으로 옮길 수 있으며, 명예와 불명예를 NK에서는 달콤한 말들과 거친 말들^{sweet words, harsh words}로 옮기고 있다. 여기서는 그 대칭을 명확하게 하기 위해서 이렇게 옮겼다. 주석서들에서는 별도로 언급하고 있지 않지만, 27번 게송에서 진제를 언급했으므로 여기서는 속제에서 팔세간법에 얽매이지 말라는 뜻으로 읽힌다. 이럴 경우 '세간의 법^法'이 축약되었다고 볼 수 있다.

82. NF에서는 '그들은 그 지옥의 과보들의 어떤 부분도 공유하지 않는다^{They will not share any part of its infernal fruition}'라고, NK에서는 '왜냐하면 지옥의 결과를 공유하는 이는 아무도 없기 때문이다^{because there is not anyone to share the result of hell}'라고 옮겼다. 여기서는 3행에 쓰인 '양^{ng}(～일 뿐만 아니라)'에 따라 앞서 언급한 자기 주위의 여러 대중들을 위해서뿐만 아니라, 바로

자기 자신을 위해서 악업을 짓지 말기를 권하는 것으로 보고 첨언하여
옮겼다.

　　[고] 삼시업三時業: 업보가 도래하는 시기를 세 가지로 구분한 것. 과보를
받는 시기를 그 속도에 따라 3종으로 구분한 것으로 금생에 지은 업의 결과를
금생에 받는 순현보수업順現報受業, 다음 생에 받는 순차생수업順次生受業, 다음
생의 다음 생에 받는 순후차수업順後次受業 등이 있다.

83. 원문에는 '떨어지다'는 '밥bab'이 쓰였다. 우리말에 어울리게 운문하였다.

84. 3행과 같이 옮기면 '악업의 결과'이지만 행을 구분하기 위해 이렇게 옮겼다.
'강락gang lags'을 직역하여 '무엇으로든 있다'로 보고 옮겼다. '락lags'의 용법
에 대해서는 3번 게송 각주 참조.

85. 『반야심경』의 '더럽지 않음[不垢]'에 해당하는 '디와 메빠dri ba me pa, Skt.,
amala'의 약어인 '디메dri me'가 사용되어 있다. 여기서는 참괴慚愧를 수식하는
것으로 보고 풀었다.

86. 참괴는 여러 가지 뜻으로 해석되는데 여기서는 자신과 타인에게 죄를
부끄러워하는 것으로 보았다.

　　[고] 참괴慚愧: 죄를 부끄러워함. 참과 괴. 1) 참은 스스로 죄를 짓지 않는
것, 괴는 타인을 가르쳐 죄를 짓지 않게 하는 것. 2) 참은 내심으로 자신의
죄를 부끄러워하는 것, 괴는 자신의 죄를 사람들 앞에서 고백하여 부끄러워
하는 것. 참은 사람에 대해 부끄러워하는 것, 괴는 하늘에 대해 부끄러워하
는 것. 참은 자기를 관찰함으로써 자신의 과실을 부끄러워하는 것, 괴는
타인을 관찰함으로써 자신의 과실을 부끄러워하는 것. 참은 타인의 덕을
공경하는 것, 괴는 자신의 죄를 두려워하는 것. 3) 마음이 산란함.

87. 칠성재七聖財와 동의어이다.

　　[고] 칠성재七聖財: 성스러운 과보, 즉 불과佛果를 얻는 7종의 법재法財. 신信,
계戒, 문聞, 참慚, 괴愧, 사捨, 혜慧 등. 또는 신信, 정진精進, 참계慚戒, 괴愧, 문사聞捨,
인욕忍辱, 정혜定慧 등 일곱 가지를 꼽기도 함.

88. 샤꺄무니 붓다의 10종 이명 중의 하나인 천인사天人師를 쓰고 있다. 여러

이명에 대해서는 1번 게송 각주 참조.

　[고] 천인사天人師: 석가모니를 부르는 열 가지 호칭 중 하나. 천신과 인간들의 스승이라는 뜻. 석가모니가 정법正法으로써 천신과 인간들을 가르쳐 이끌어 주는 것을 가리킴.

89. '만족(축쎄chog shes)'의 존칭어인 '축켄chog mkhyen'이 쓰였다. 여기서는 풀어서 썼다.

90. '적은 것'으로 옮긴 '충chung'은 보통 '작다'를 뜻하지만 양이 적을 때에도 쓰인 용례가 있어 이에 따라 옮겼다.

91. 문장 구조에 따라 직역하였다. 의역하면,

　　오 자애로운 왕이시여!
　　머리가 많아 그로부터 많은 고통을 받은 용왕들처럼
　　가진 게 많으면 그것에 따라 (큰) 고통에 빠지지만
　　가진 게 적으면 그렇지 않습니다.

　1행에 '많은'을 뜻하는 '망mang'이 주로 쓰이고 3, 4행의 '녜snyed'는 그다지 자주 쓰이지 않는다.

92. '남빨빵nam par spang'을 의역했는데, 직역하면 '완전히 포기하십시오' 정도 된다.

93. 원문은 '천신神'을 뜻하는 '하lha'만 쓰여 있다.

94. 이 경구의 술어가 과연 현대적인 의미에 부합하는지 의문(?)인데, '의정역'에서는 누이처럼 순하고順, 어머니처럼 자애롭고慈, 하녀처럼 따르고隨, 여자 친구처럼 친밀한親 아내로 옮기고 있다.

　'누가 있다 혹은 무엇이 있다'는 '강인gang yin'이 1, 4행에 쓰여 있는데, 2, 3, 4행의 여자 친구, 어머니, 하녀와 같은 어떤 이로 받았다. 2행에서 진심을 '다하고'로 옮긴 '밥빠'bab pa'는 원래 무엇이 밑으로 떨어지는 것을 표현할 때 쓰는 동사라 의역했다.

95. 티벳인들이 공양 전에 올리는 게송 중의 하나로 유명하다. 원문을 읽으면,

카세 멘당 다왈 릭빠이 (kha zas sman dang 'dra bar rig pa yis)
되착 세당 메빨 뗀기떼 ('dod chags zhe sdang med par bsten bgyi ste)
갹칠 마락 넴뻬 칠마락 (rgyag phyir ma lags bsnyems pa'i phyir ma lags)
착칠 마락 루네 바쉭칠 ('chag phyir ma lags lus gnas 'ba' zhig phyir)

문장 구조를 보면 2행의 말미에 '떼ste'가 쓰여 있고, 4행의 말미에 이를 받는 '칠phyir'이 쓰여 있다. 이를 우리말로 옮기면 '왜냐하면 ~ 하기 때문이다'가 된다.

96. 보통 '아我'를 뜻하는 '닥니bdag nyid, Skt., ātman'가 쓰였다. 다양한 뜻이 있는데 여기서는 존칭의 호격으로 보고 옮겼다.

97. 원문은 '밤의 기간의'를 뜻하는 '첸뫼 툰기mtshan mo'i thun gyi'가 쓰여 있다.

98. '지나치다'라고 옮긴 '도do'의 과거형 '데'das'가 쓰였는데 이 동사에는 '(시간을 경과해 지나쳐) 간다'라는 뜻도 있다.

99. 원문은 '무과無果'를 뜻하는 '데부 메빨'bras bu med par'로 우리말에 어울리게 운문하였다.

100. 3행에 '잠자다'의 존칭형 동사 '넬mnol'의 명령형이 쓰였다. 간단한 내용이지만 9자 1행을 맞추기 위해 자구들이 늘어나 있다. 내용의 요지는 낮 동안 그리고 초저녁과 새벽에는 공덕을 쌓기 위해 열심히 일하고 한밤에만 자더라도 결코 선업을 잊지 말라는 이야기다. NK에서는 공덕 대신에 '해탈liberation을 유념하라'고 적고 있다.

101. 본문에는 '둘의 복수형dual'을 나타내는 '닥dag'이 쓰였으나 생략했다.

102. [BD] 사무량심四無量心: 【범】 catvāry-apramāṇacittāni 한없는 중생을 어여삐 여기는 마음의 네 가지. (1) 자무량심慈無量心, maitrī-apramāṇa-citta 무진無瞋을 체體로 하고 한량없는 중생에게 즐거움을 주려는 마음. 처음은 자기가 받는 낙樂을 남도 받게 하기로 뜻 두고, 먼저 친한 이부터 시작하여 널리

일체 중생에게까지 미치게 하는 것. (2) 비무량심悲無量心, *karuṇā* 무진無瞋을
체體로 하여, 남의 고통을 벗겨 주려는 마음. 처음은 친한 이의 고통을 벗겨
주기로 하고, 점차로 확대하여 다른 이에게까지 미치는 것. (3) 희무량심喜無
量心, *muditā* 희수喜受를 체로 하여 다른 이로 하여금 고통을 여의고, 낙을
얻어 희열喜悅케 하려는 마음. 처음은 친한 이부터 시작하여 점점 다른 이에
게 미치는 것은 위와 같다. (4) 사무량심捨無量心, *upekṣā*. 무탐無貪을 체로 하여
중생을 평등하게 보다 원怨 · 친親의 구별을 두지 않으려는 마음. 처음은
자기에게 아무런 관계가 없는 이에 대하여 일으키고, 점차로 친한 이와
미운 이에게 평등한 마음을 일으키는 것. 무량이란 것은 무량한 중생을
상대相對로 하며, 또 무량한 복과福果를 얻으므로 이렇게 이름함.

103. '명상하다, 수행하다'는 뜻을 지닌 '곰빠sgom pa'의 과거형 '곰빠bsgoms
pa'가 쓰였다. NF에는 '명상meditation'이라고 옮기고 있으나 '쌈쩨'에 '명상'
으로 이미 옮겨두어 그 의미가 명확할 것이라 보고 좀 더 포괄적인 의미를
위해서 '수행'으로 옮겼다. 113번 게송에서도 마찬가지다.

104. 색계의 초선정을 가리킨다. 자세한 내용은 다음 게송의 각주 참조

105. 사선정四禪定은 3계界 중에서 욕계欲界의 번뇌를 모두 벗어나서 색계色界에
나게 되는 네 단계의 선정을 가리킨다. 사정려와 동의어다.

　[BD] 사정려四靜慮: 【범】 *catvāri-dhyānāni* 혹은 사선四禪 · 색계정色界定. 이
정은 고요함과 함께 지혜가 있어, 능히 자세하게 생각하는 뜻으로 정려라
함. 이에 초初 · 2 · 3 · 4의 구별이 있으니, 초선初禪은 유심유사정有尋有伺定 ·
2선은 무심유사정無心有伺定 · 3선은 무심무사정無尋無伺定 · 4선은 사념법사정
捨念法事定. ⇒사선정四禪定 · 팔정八定

　[고] 사정려四靜慮: 범천을 색계色界의 초선천初禪天의 제3천의 왕. 범천궁이
라 불리는 화려한 보배 누각에 살면서 사바세계를 다스리는 천왕. 그의
키는 1유순 반이며, 수명은 1겁 반이다.

　NK에서는 이중 4번째 단계라며 두 가지 모두를 언급하고 있다. 이 게송이
뜻하는 내용의 요지는 사무량심을 수행하면 상위의 색계 · 무색계를 취할

수 없을지라도 최소한 욕계에서 벗어나 색계에 태어나 그에 따른 기쁨을 누릴 수 있다는 뜻이다.

106. 사선천을 가리킨다.

[BD] 사선천四禪天: 4종의 선정을 닦아 태어나는 색계의 네 가지 세계. 사선四禪. (1) 초선천初禪天. 첫 단계의 선정을 닦아 태어나는 색계. 범중천梵衆天, 범보천梵輔天, 대범천大梵天이라는 세 단계로 이루어진다. (2) 제이선천第二禪天. 둘째 단계의 선정을 닦아 태어나는 색계. 소광천小光天, 무량광천無量光天, 극광정천極光淨天 또는 광음천廣音天이라는 세 단계로 이루어진다. (3) 제삼선천第三禪天. 셋째 단계의 선정을 닦아 태어나는 색계. 소정천小淨天, 무량정천無量淨天, 변정천遍淨天이라는 세 단계로 이루어진다. (4) 제사선천第四禪天. 넷째 단계의 선정을 닦아 태어나는 색계. 무운천無雲天, 복생천福生天, 광과천廣果天, 무번천無煩天, 무열천無熱天, 선현천善現天, 선견천善見天, 색구경천色究竟天 또는 유정천有頂天이라는 여덟 단계로 이루어진다. 이 17천의 각각에는 다수의 신들이 있다. 부파에 따라 16천, 18천, 22천으로 분류하기도 한다.

107. 이 5종의 개념들은 이곳에서만 언급되어 있지 다른 곳에서는 찾아보기 힘들다. NK에 말끔하게 정리되어 있는데 우리말로 거칠게 옮겨보면,

1) 항상 해야 되는 일은 공덕을 쌓는 것, 즉 선행이고

2) 명백하게 추구해야 될 바는 이런 선행을 쌓고 악행을 줄이는 것이며

3) 이런 선행을 쌓는 것에 반대하지 않고

4) 불법승 등 삼보에 대해서 공경하며 공덕을 쌓는 것을 행하고

5) 은혜를 베푼 이들은 부모나 정신적 스승을 가리키는 것이니, 그들에게는 좀 더 신경을 써서 복덕을 쌓아야 한다는 식으로 정리되어 있다. 물론 이와 반대로 행하는 것은 커다란 악업을 짓는 일이다.

NK에는 '이와 같은 5종의 큰 요인들에 근거하여, 즉 1) 항상persistence, 2) 의도적으로intension, 3) 반대할 것이 없고unopposed, 4) 애써 노력하고endowed with qualities, 5) (부모와 스승에게) 은혜를 받는 자들beneficiaries에 의해서 선과 불선행들이 생겨나니, 그러니 선업들을 쌓으라virtuous and non-virtuous deeds arise; therefore, strive to do virtuous actions'고 되어 있다. NF에는 선과 불선의 5종을 언급하고 있으나 각주에 '졸와sbyor ba, 正行, 쌈빠bsam pa, 思惟, 넨뽀gnyen po, 對治, 쉬gzhi, 根本 등 4종 안에 포함된다'고만 적어두고 있다. '의정역'에는 항상, 수행하고, 대치하고, 덕을 베풀고德勝, 중생을 연민하는 것 등이 5종의 선을 행하는 것[五行爲善]이라고 나와 있다.

원문 게송 자체가 특이한 경우로 NK에 따라 첨언하여 옮겼다.

108. 2행에 보통 동사에 선행하여 부정을 뜻하는 '민min'만 쓰였으나 앞에서 '~를 하다'는 뜻을 가진 '기bgyid'가 쓰여 있어 이 동사가 축약된 것으로 보았으며, 1, 2행과 3, 4행이 완벽하게 대구를 이루고 있는 경구라 이에 따라 옮겼다.

109. 1, 2행에 걸쳐 있는 것을 2행으로 붙여 옮겼다.

110. 여기에 사용된 오개五蓋에는 20 수번뇌와 4 부정심 등의 용어들이 두루 사용되어 있는데『장한사전』에 따라 옮겼다.

　　[BD] 오개五蓋: 【범】 *pañca-āvaraṇāni* 5장障이라고도 함. 개蓋는 개부蓋覆한 다는 뜻. 5법法이 있어 능히 심성心性을 가리워 선법善法을 낼 수 없게 함. (1) 탐욕개貪欲蓋. 5욕에 집착함으로 심성을 가리움. (2) 진에개瞋恚蓋. 성내는 것으로써 심성을 가리움. (3) 수면개睡眠蓋. 마음이 흐리고 몸이 무거워짐으로 심성을 가리움. (4) 도회개掉悔蓋. 마음이 흔들리고 근심함으로 심성을 가리움. (5) 의법개疑法蓋. 법에 대하여 결단이 없이 미룸으로써 심성을 가리움.

111. 본문에는 '둘의 복수형(dual)'을 나타내는 '닥(dag)'이 쓰였으나 생략했다.

112. 5위 100법 중 11선법에서의 믿음과 정진을 그리고 5별경五別境에서의 염정혜念定慧를 꼽고 있다. '목차'인 '쌉쩨sa bcad'에는 가행도加行道로 되어 있다.

113. 보통 산정을 뜻하는 '쩨모rtse mo'는 가행加行, 4도의 하나인 정頂을 뜻하기도 한다.

　　[BD] 가행도加行道: 4도道 중의 하나. 삼학三學을 수행하는 것. 깨달음을 얻기

위해서 수행하는 과정의 첫 단계. 방편도方便道.

[BD] 사도四道: 번뇌를 끊고 열반을 성취하기 위해서 닦는 네 가지 수행도. *가행도加行道, *무간도無間道, *해탈도解脫道, *승진도勝進道 등 사종도四種道.

정頂은 가행도 사결택분의 하나로 외소경의 본무자성의 명을 증달하고 증상하여 지혜하고 상응한 명증정. 동요의 여러 선근경 가운데 최고 정품이라 정이라 한다.

여기서는 일반적인 수행으로 보고 옮겼다.

114. 2행의 인용구 안은 의역한 것이다. 직역하면 '바로 (그) 업은, 자업소작自業所作이기 때문에(닥길 제레bdag gir bya las), 지나치지 않는다' 정도가 된다.

115. 20 수번뇌에서 '오만, 교만의 뜻을 지닌 '각빠rgyags pa, Skt., *mada*'가 쓰였다.

116. '탈빠thar pa'는 '자유'라는 뜻으로도 쓰인다. 앞에 '천계'를 언급하고 있어 그 다음인 열반적정涅槃寂靜, 즉 '해탈'로 보고 옮겼다.

117. 『장한사전』 '제빠bzad pa'에 '신초과보辛楚果報'라는 용례가 있다. '이숙異熟'을 뜻하는 '남빨 민빠rnam par smin pa'가 '참을 수 없는' 것을 뜻하는 '미제mi bzad' 앞에 쓰인 경우라 보고 옮겼다. 이것은 총 10회(47, 70, 78, 80, 81, 84, 85, 87, 89, 91)에 걸쳐 사용되어 있다. 지옥의 갖가지 고통들을 묘사하는 70번 게송 이후 주로 등장하는데 '참을 수 없는' 또는 '흉포한, 혹독한, 독한'으로 옮길 수 있어 문맥에 맞게 옮겼다.

118. [BD] 사념처四念處: 신역新譯은 사념주四念住. 소승의 수행자가 3현위賢位에서 5정심관停心觀 다음에 닦는 관觀. 신념처身念處 · 수념처受念處 · 심념처心念處 · 법념처法念處. (1) 신념처. 부모에게 받은 육신이 부정하다고 관하는 것. (2) 수념처. 우리의 마음에 낙이라고 하는 음행 · 자녀 · 재물 등을 보고, 낙이라 하는 것은 참 낙이 아니고, 모두 고통이라고 관하는 것. (3) 심념처. 우리의 마음은 항상 그대로 있는 것이 아니고, 늘 변화 생멸하는 무상한 것이라고 관하는 것. (4) 법념처. 위의 셋을 제하고, 다른 만유에 대하여 실로 자아自我인 실체實體가 없으며, 또 나에게 속한 모든 물건을 나의 소유물이라고 하는데 대해서도, 모두 일정한 소유자所有者가 없다고, 무아관無我觀을 하는 것.

이 사념처관을 신身 · 수受 · 심心 · 법法의 순서로 따로따로 관하는 것을 별상념처관別相念處觀, 총합하여 관하는 것을 총상념처관總相念處觀이라 함. 달리 이르기를, 37도품道品에 속하는 수행 방법으로서 신身, 수受, 심心, 법法 등의 네 가지 염처를 말함. 신념처는 자신의 몸이란 애착을 가질 수 없는 더러운 것에 불과하다는 것, 수념처는 6근根을 통해서 느끼고 받는 것은 오로지 고통뿐이라는 것을 알고 다른 모든 사람들을 자비심으로 대하여 그들의 고통을 덜어 주어야 한다는 것, 심념처는 사람의 마음이란 언제나 변할 수밖에 없는 것이므로 결코 마음에 사로잡히거나 집착해서는 안 된다는 것, 법념처는 세상 모든 것은 실체가 없는 공空한 것이라는 것 등을 통찰하는 것이다. 사념주四念住.

119. 이 '사념주'가 『장한사전』에는 하나의 어휘로 나와 있지 않다. 티벳어로는 '뎬빠 네발 샥빠 쉬dran pa nye bar bzhag pa bzhi'라고 한다. 여기서는 넷을 뜻하는 '쉬bzhi'가 생략되고 부정을 뜻하는 '마ma'가 '샥bzhag' 앞에 쓰여 있다.

120. 사념주 혹은 사념처 수행의 요지를 각 행에 따라 풀어보면, 1) 행복이 아닌 고통이라는 것, 2) 무상하고, 3) 아我가 없으며[무아], 4) 이 몸이 부정하다는 것 등인데 앞의 각주와는 순서가 좀 다르다. 이 사전도견四顚倒見을 NK에서는 '행복하고, 항상하고, 아我가 있으며, 이 몸이 깨끗하다고 여기는 견해'라고 적고 있다.

121. 본문에는 '풍phung'만 쓰여 있는데, 티벳어에서 '풍뽀phung po'는 우리가 보통 오온이라고 일컬을 때 쓰는 온蘊을 뜻한다.

122. 문장의 구조는 매우 쉬운 편이다. 여기서 가리키는 바는 오온의 맨 처음인 색色, 즉 인식의 대상이 그 고유한 자성을 가지고 있지 않으므로, 공空하듯이 다른 사온四溫들도 마찬가지임을 깨달아야 한다는 뜻이다. 보통 색色으로 번역하는 산스끄리뜨어의 '루빠rupa'를 티벳어로는 'gzugs'이라고 적고 '숙(또는 낮은 톤으로 죽)'이라고 발음하는데, 이 어휘는 몸이라는 뜻으로도 자주 쓰인다.

123. 원문을 직역하면 '시간으로부터' 정도가 된다.

124. 여기서 '탐애, 애욕'으로 옮긴 '쎄빠sred pa'는 보통 십이연기의 애愛에 해당한다. 총 4회(50, 98, 110, 114)에 걸쳐 쓰여 있다. '탐진치 삼독의 '탐욕'을 뜻하는 '도착'dod chags'과 구분하기 위해서 한문을 병기했으나 다른 게송에서는 별도로 언급을 하지 않았다.

125. 불교철학에서 가장 중요한 오온의 연기성과 그 마음 작용을 밝히고 있는 게송이다. NF나 NK에서는 2종의 외도에 대해서 적고 있으나 게송을 자세히 살펴보면 총 5종의 외도(비불교도)들의 입장이 1행부터 3행까지 언급되어 있다.

1행의 2가지 특징인 임의적으로 발생한다는 것과 시간에 따라 발생한다는 주장은 일반적으로 비불교도들이 취하고 있는 입장이며, 2행의 첫 번째인 '자성自性, Skt., *svabhāva*으로부터 발생한다'는 주장은 '원형물질Skt., *prakṛti*'의 존재를 인정하는 상키야Saṃkya, 數論學派의 주장이다. 2행의 두 번째인 '본체 자체로부터 발생한다'는 주장은 상키야의 주장과 유사한 것처럼 보이는데, 티벳 주석서들은 이에 따르고 있다. 이유는 '실체'라고 옮긴 '노보ngo bo'가 '랑쉰rang bzhin'처럼 자성을 뜻하는 '*svabhāva*'라는 뜻이 있기 때문이다. 주석서처럼 거의 같은 학파지만 여기서 각기 다른 어휘를 사용한 것에 따라 풀어보면, 바이셰씨까*Vaiśeṣika*, 勝論學派가 주장하는 실체를 가리킨다.

'바이셰쉬카의 철학적 동기는 불교 현상론에 대한 반감에서 기인한다. 바이셰쉬카는 지각이나 추론과 같은 지식의 원천에 대한 불교적 견해를 수용하는 반면에, 영혼들이나 실체들은 움직일 수 없는 사실이며, 따라서 몽환적 이야기 속의 환상으로 부정될 수 있는 성질의 것이 아니라고 항변한다.'

— 라다끄리슈나, 『인도철학사 III』, 이거룡 옮김, 민음사, p. 266.

3행의 첫 번째인 '자재천으로부터 발생한다'는 주장에는 주석서처럼 인도의 논리학파인 니야야^{Nyāya, 正理學派}가 주장하는 바를 가리킨다. 보통 티벳어로 '왕축^{dbang phyug}'이라고 옮기는 산스끄리뜨어 '이슈와라^{īśvara}'는 인격신을 가리키는데 한문으로는 '자재천^{自在天}'이라고 하고 '파괴의 신' 쉬바를 부를 때도 이 어휘를 쓴다. 인도철학에서 빼놓을 수 없는 논리학자들이 이렇게 불린 것은 그들이 쉬바교에 속한다고 간주되었기 때문일 것이다.

'니야야 학자들은 쉬바교에 속하며 ……'
− 같은 책, p. 257.

3행의 두 번째인 '원인 없이 발생하거나 그렇지도 아닌 것이다'라고 볼 수 있는 학파는 보통 순세외도^{順世外道}로 악명 높은 고대 인도의 유물론자 또는 쾌락주의자인 '로까야따^{Lokāyata}' 또는 '짜르바까^{Cārvāka}'의 주장을 가리킨다.

결론적으로 외도 각 학파들의 주장에 관통하고 있는 동일한 입장은 오온의 연속성을 부정하는 것으로, '그 무엇'으로부터 발생하거나 아니면 그런 '원인' 자체가 아예 없다는 것이다. 용수의 철학적 사유에 대해서 조금만 더 설명하자면, 오온뿐만 아니라 연기 또한 그것이 연과 인으로 나눌 경우 그 연속성에 대한 개념적 작용이 끼어들어 하나의 고정된 개념자가 생성된다는 것을 부정하고 있다는 점이다. 『중론』에 언급된 구사론적 개념들에 대한 통렬한 비판이 이를 반증하고 있다.

126. [BD]에는 '계금취^{戒禁取}'라는 한 단어로 나와 있으나 풀어서 썼다. NF은 '고행들^{ascetic practices}'로 옮기고 있다. 주석에 따르면, 그릇된 계행뿐만 아니라 고행도 뜻한다. 그 실례가 실려 있지 않으나 온몸에 재를 바르는 나체 쉬바교도 등을 예로 들 수 있겠다.

127. [BD] 삼결^{三結}: 소승 예류과^{預流果}를 얻는 사람이 끊는 세 가지 속박으로 나와 있다. 속박 · 심신을 결박하여 해탈을 막는 것. *번뇌. 중생을 생사에 묶어 가두어 두고 있는 요소들. 【범】 *bandhana* 결박한다는 뜻. 몸과 마음을

결박하여 자유를 얻지 못하게 하는 번뇌. 여기에 3결 · 5결 · 9결의 구별이 있음. (1) 견결見結: 我見, (2) 계취결戒取結: 그릇된 계행을 행하는 것을 해탈의 원인으로 보는 것, (3) 의결疑結: 正理를 의심하는 것으로 견혹 중에서 가장 무서운 것.

128. 간접 인용을 표시하는 탈격의 '레las'가 쓰였는데 게송에서는 매우 보기 드문 경우다. 보통 티벳 주석서에서 원문을 인용할 때 '출저를 인용하는 경우'에 이 용법을 사용한다.

129. 1, 2행의 문장 구조가 특이하지만 첨언하여 직역했다. 구조를 살리면, '이것에는 (~라는 것이) 있으므로' 정도가 된다.

130. 가르침을 배워 들어 알고, 그것을 수지하여 지키고, 명상 등을 행하는 이 셋이 정확한 어떤 별도의 개념인 것 같지는 않다. 다음 게송에 나오는 삼학의 구조를 보자면 이것은 문사수聞思修 삼혜와 관련이 있으나 다음 게송에 '증상增上'이라는 표현을 써서 삼혜를 강조한 것으로 보아 명확하게 이를 언급하는 것 같지도 않다.

[BD] 삼혜三慧: 문혜聞慧 · 사혜思慧 · 수혜修慧. (1) 문혜. 보고 듣고서 얻는 지혜. (2) 사혜. 고찰하여 얻는 지혜. (3) 수혜. 고찰을 마치고, 입정入定한 뒤에 수득修得하는 지혜.

131. 티벳어 원문은 '증상심增上心, lhag pa'i sems pa'이다.

[BD] 증상增上: 보통 증상은 (1) 증진增進 · 증가增加와 같다. 더 늘어감. 발달하는 것. (2) 힘을 주어 증진케 함. 조장助長하는 것.

[BD] 삼학: 불교를 배워 도를 깨달으려는 이가 반드시 닦아야 할 세 가지.

132. 2행에서 동사로 사용된 '랍빼bslab pa'에는 '수행하다, 훈련하다, 배우다, 가르치다' 등의 뜻이 있으며 여기서는 계戒 또는 배움이라는 명사로 쓰이고 있다. 150 계라고 직역했는데 NF에서는 비구의 253 계로 보고 250으로 적고 있으나 원문은 150이며 NK도 숫자대로 적고 있다.

133. [BD] 삼학三學: 불교를 배워 도를 깨달으려는 이가 반드시 닦아야 할 세 가지. (1) 계학戒學. 행위와 언어에서 나쁜 짓을 하지 않고, 몸을 보호하는

계율. (2) 정학定學. 심의식心意識의 흔들림을 그치고, 고요하고 편안한 경지를 나타내는 법. (3) 혜학慧學. 번뇌를 없애고, 진리를 철견徹見하려는 법. ⇒계정혜戒定慧.

[BD] 계정혜戒定慧: 계율·선정·지혜의 준말. 이를 총칭하여 삼학學. 계는 몸·입·뜻으로 범할 나쁜 짓을 방지하는 것. 정은 산란한 마음을 한 경계에 머물게 하는 것. 혜는 진리를 깨닫는 지혜. 이 셋은 서로 도와 증과證果를 얻는 것이므로, 계에 의하여 정을 얻고, 정에 의하여 지혜를 얻는다. 이를 경·율·논 3장에 배대하면, 경은 정학定學, 율은 계학戒學, 논은 혜학慧學. ⇒삼학三學.

134. [BD] 억념憶念: 이미 경험한 일을 잊지 않고 기억하는 것. 억지憶持. 억憶. ⇒ 염念.

135. '왕축dbang phyugs'을 호격으로 보고 옮겼다. '왕축'에 대해서는 50번 게송 각주 참조.

136. '하나의 길'로 옮겼으나 원문은 '되빠 칙빼 람bgrod pa gcig pa'i lam'의 총 5자로 되어 있다. 오직 한 마음을 내는 것을 가리킨다. 일향취一向趣는 부처님을 생각하는 마음이라고 보통 알려져 있으나, 여기서는 부처님이 그렇게 말씀하셨다는 문장 구조에 따라 바로 그 상태, 즉 깨달음을 얻기 위해 마음을 내는 것으로 보고 옮겼다.

137. 원래 1, 2행이 이어진 형태로 문장이 길어져 이렇게 옮겼다. '인간의 몸'이라는 이 법기法器의 중요성에 대한 정확한 의미 전달을 위해서 첨언하여 운문하였다.

138. 원문에는 '생겨나다, 발생하다'는 뜻을 지닌 '즁와'byung ba'가 쓰였다.

139. 문장이 유려하여 구조에 따라 직역하였다.

140. 1, 2행에서 '마지막, 종내, 궁극적으로'라고 옮긴 '타mtha', 탈mthar, 타말tha mar'은 모두 '최후, 마지막, 끝'이라는 뜻이 있다. 원래 의미는 모두 '그 마지막에'라는 뜻인데 약간씩 변형을 주면서 반복적으로 쓰였다.

141. '실체'라고 옮긴 '닝뽀snying po'는 '정수, 정화' 등으로도 자주 쓰인다.

142. '성질을 가진 것'이라고 옮긴 '최쩬chos can'을 문자 그대로 옮기면, '법法을 가진 것'이라는 뜻인데 여기서 법은 '속성, 특질' 등을 뜻하지 불법佛法이 아니다.

143. 일곱 개의 태양의 불길로 세계가 멸망한다는 것은 인도식 종말론인데 『아함경』에서도 종종 보인다.

144. 가정법의 '나na'로도 받을 수 있겠으나, 시간 등으로도 받을 수 있어 강조의 용법을 첨언하는 셈치고 운문하였다.

145. '뫼찌첼smos ci 'tshal'이 쓰였다. 해자해보면 '말할 (필요가) 무엇 때문에 있다' 정도 되는데 보통 '말할 필요도 없다'는 관용적인 표현이다. 84번 게송에도 쓰여 있다.

146. 한문식으로 하자면, '무귀의처 무의지처無歸依處 無依支處' 정도 된다.

147. '삼사라Saṁsāra'라고 '생사, 윤회' 등 의역 대신에 음역을 따랐는데 여기서는 이 두 가지 중요한 뜻이 중의적으로 쓰였다고 보았다. 영문들에서도 마찬가지로 옮겼고 '의정역'에서는 '생사生死'로 옮기고 있다.

148. 56번 게송에서 '실체實體'라고 옮긴 '닝뽀snying po'가 쓰였는데 여기서는 '정수'라고 옮겼다. 실체 또는 정수가 없다는 것을 바나나 나무를 통한 비유는 서양에서 양파는 아무리 까보아도 그 씨앗을 볼 수 없다는 비유처럼 인도에서 유명한 것이다. 『아함경』에도 종종 등장한다.

149. '유념하십시오'로 간단하게 옮길 수도 있겠으나 각각의 단어들에 따라 풀어썼다.

150. 팔무가八無暇와 십원만十圓滿을 줄여 '가만'이라고 한다. 팔무가에 대해서는 63, 64번 게송과 각주 참조.

십원만은 1. 인간으로 태어난 것, 2. 중심지에 태어난 것, 3. 신체가 온전한 것, 4. 오역죄五逆罪를 범하지 않는 것, 5. 불법에 대한 신심이 있는 것, 6. 부처님이 계실 때 태어난 것, 7. 불법을 설할 때 태어난 것, 8. 불법이 있는 곳에 태어난 것, 9. 불법을 배우는 것, 10. 선법을 가르쳐 줄 스승이 있는 것을 말한다. 샨띠데바, 『입보리행론』, 청전 옮김, 하얀 연꽃, p. 15 참조.

오역죄는 크게 두 가지로 알려져 있다.

[BD] 오역죄: 1. 무간지옥에 떨어지는 5가지의 큰 죄. 1) 어머니를 죽임. 2) 아버지를 죽임. 3) 아라한을 죽임. 4) 부처님 몸에 피를 냄. 5) 승가의 화합을 깸.

2. 5역逆 · 5무간업無間業이라고도 함. 불교에 대한 5종의 역적중죄. (1) 소승의 5역: ① 살부殺父. ② 살모殺母. ③ 살아라한殺阿羅漢. ④ 파화합승破和合僧. ⑤ 출불신혈出佛身血. 혹은 1과 2를 합하여 1로 하고, 다시 제5에 파갈마승破揭磨僧을 더하여 5로 함. (2) 대승의 5역: ① 탑塔 · 사寺를 파괴하고 경상經像을 불사르고, 3보의 재물을 훔침. ② 삼승법三乘法을 비방하고 성교聖敎를 경천하게 여김. ③ 스님들을 욕하고 부림. ④ 소승의 5역죄를 범함. ⑤ 인과의 도리를 믿지 않고, 악구惡口 · 사음邪淫 등의 10불선업不善業을 짓는 것.

151. 원문은 '네gnas'로 '머물다, 거주하다'는 뜻이다. 여기서는 바다에 머무는 멍에를 뜻하므로 '떠다니는'으로 옮겼다.

152. 전체적으로 비교격을 사용한 비유다. 비유의 요지는 커다란 바다에 떠다니는 멍에(소와 같은 짐승을 끌기 위해 그 어깨에 씌우는 조그만 나무 조각)의 구멍에 바다를 떠다니는 거북이가 떠올라 그 구멍과 마주치는 것은 불가능에 가까울 정도로 어려운 일이지만, 그보다 더욱 어려운 일은 네 발 달린 짐승에서 사람의 몸을 받는 것이라는 뜻이다. 이 비유는 『잡아함경』 No. 406인 『맹구경盲龜經』을 차용한 것으로 사람의 몸을 받은 유정 중에서도 최고인 왕으로 태어났으니 더욱더 정진하라는 강조이다.

153. 1행 말미의 도구격 '이yis'에 맞게 1, 2행을 옮기면 '황금 쟁반을 가진 이가/ 더러운 토사물로 (그것을) 닦는 것, 그것보다' 정도 된다. 2행 말미의 '데베깡de bas kyang'를 비교격으로 옮기며 의역하였다.

154. 사대륜四大輪은 산스끄리뜨어 '짜뜨바리 마하짜끄라Catvari mahācakra'를 한문으로 옮긴 것으로 순경順境에 안주하고, 참된 이를 의지하고, 서원을 세우고, 복덕을 쌓는 네 가지를 뜻한다. 『법화대사전』을 비롯해 한문 경론에서는 특별한 언급이 없다. 순경은 위경違境의 반대말로 '제 뜻에 맞는 경계,

이에 의하여 탐욕의 번뇌가 생기게 됨, 몸과 마음에 알맞은 대경'을 뜻한다.

155. [MD] 범행梵行:【범】 *brahmacara* 범은 청정·적정의 뜻, 맑고 깨끗한 행실. 정행淨行과 같음. (1) 더럽고 추한 음욕을 끊는 것을 범행이라 한다. 곧 범천의 행법이란 말. (2) 5행行의 하나. 공空·유有의 양쪽에 치우쳐 물들지 않고, 맑고 깨끗한 자비심으로 중생의 고통을 건지고 낙을 주는 보살행.

156. 2행의 능인과 함께 붓다의 이명이 사용되어 있다. 여기서는 풀어서 썼다.

157. '적정'이라고 옮긴 '쉬와zhi ba'에는 '열반, 평온'이라는 뜻도 있다. 영역들에서는 'peace'로 통일되어 있다.

158. 팔난처八難處와 동일한 뜻이다. 1) 불법이 있음에도 악견을 가지는 것과 2) 불법이 없을 때 또는 3) 불법이 전파되지 않은 곳에서 태어나는 것과 4) 불법이 있음에도 이를 배울 수 있는 감각기관이 결여된 장애자로 태어나는 것을 가리킨다. 인간의 몸을 받지 않은 경우는 5) ~ 7)은 하도下道 3생으로 지옥 중생과 아귀와 축생은 고통이 심해 불법을 받아들일 기회가 없으며, 8) 상도上道의 천신은 즐거운 쾌락으로 인하여 불법을 진지하게 생각하지 않는다고. 이 가운데 천신으로 태어난 것이 좋은 일이 아닌 것은 약간 이해하기 어려운데, 천신은 비록 긴 수명 동안 즐거움을 누릴 수 있으나 막상 죽음에 이르러서는 자신이 죽어 갈 곳을 알고 그 때까지 쌓은 복덕이 크지 않을 경우, 오랜 시간 동안 누린 쾌락이 그 마지막 고통보다 작다고 한다. 『불본행집경』 등에 그 내용이 자세하게 실려 있다.

159. 3, 4행은 문장 구조에 맞게 첨언하여 의역했다. 달리 옮기면 '이런 (생)들을 여읜 여유를 갖춘/ 생, (즉) 그 반대의 (생)을 위해서 애써야 합니다' 정도가 된다.

160. 8고苦 중의 '추구하여 얻을 수 없어 고통당하는 것'인 구부득고求不得苦를 가리킨다. 참고로 8고는 중생들이 받는 여덟 가지 고통. (1) 생고生苦. (2) 노고老苦. (3) 병고病苦. (4) 사고死苦. (5) 애별리고愛別離苦. (6) 원증회고怨憎會苦. (7) 구부득고求不得苦. (8) 오음성고五陰盛苦 등이다.

161. '슬퍼하다'로 옮긴 '교외skyo ba'에는 '애통해하다, 슬퍼하다'는 뜻과 '출리

심을 내다'는 뜻도 있다. 여기서는 3, 4행에 맞게 일반적인 의미인 '슬퍼하다'
로 보고 옮겼다. NK는 'grieve over(비탄해하다)'를 쓰고 있으나 NF는 '출리
심을 내다'를 쫓아 'disgust(혐오하다)'를 쓰고 있다.

162. 본문 3행에 쓰인 '치와mchi ba'는 보통 가다, 오다는 뜻을 지닌 동사인데,
여기서는 '~이 되다'는 뜻을 지닌 4행 말미의 '치와mchis ba'의 고어형으로
보고 옮겼다. 아들, 아내, 친구, 반대 등 뒤에는 '그 자체'를 뜻하거나 강조를
나타내는 '니nyid'가 반복적으로 쓰였으나 여기서는 생략한 채 옮겼다. 이에
따라 옮기면 '바로 그' 또는 '그 자체'를 넣을 수 있으나 우리말과 느낌이
조금 맞지 않아 운문하였다.

163. 영역들에서 단수형으로 옮긴 '삼사라Saṃsāra(윤회계)'가 원문에는 복수형
으로 쓰여 있어 이에 따라 옮겼다. 복수형으로 쓴 것은 자수를 맞추기 위해
서가 아니라 그만큼 오랜 시간을 뜻한다고 보았다. '만약 ~이라면'으로도
받을 수 있겠으나 처격으로 보고 옮겼다.

164. 1행의 어두에 '레레re re'가 그리고 2행의 말미에 '쏘쏘so so'가 쓰여 운율을
맞추고 있다.

165. NK에서는 '레레re re' 다음에 도구격인 '싸sa'가 쓰였으나 다른 티벳어본들
은 모두 소유격 '이ʼi'를 쓰고 있다. 티벳어는 후자에 따라 적었으나 의미상
차이는 없다.

166. 이 3행의 처음 부분은 의역했다. TT에는 '마이 툭타ma yi thug mtha'를
'lineage of mother'로 쓰고 있다. 이에 따르면 어머니의 혈통, 가계라는 뜻으
로 전생에 환생을 하면서 거쳐 온 모든 어머니들을 가리킨다. NF는 이에
따랐으나 NK는 본문처럼 축약하여 그냥 'mothers'로 옮기고 있다.

167. 영역들에서는 모두 향나무juniper 열매로 되어 있는데, '갸쑥rgya shug'은
'향나무, 백양나무, 대추나무'를 뜻하고 '칙구tshig gu'는 보통 '열매의 씨앗'
을 뜻한다. 여기서는 '의정역'처럼 대추씨로 보고 옮겼다.

168. 원문은 '작은 환약, 완자'를 뜻하는 '닐부nir bu'이다.

169. TT에 따라 '전륜성왕'이라고 옮긴 '콜뢰 꿀곌'khor los bsgyur rgyal'을 『장한사

전』에서는 '콜뢰 꿀배 겔뽀'khor los sgyur ba'i rgyal po'로 적고 있다. 조어법에 따르자면 '꿀와sgyur ba'로 현재형 시제 또는 명사형으로 받는『장한사전』이 맞지만 TT의 용례에 따랐다.

170. 천신들의 왕인 인드라*Indra*라도 그 복업의 힘이 다하면 땅에 떨어지듯, 세상에서 가장 큰 권력을 가진 전륜성왕이더라도 금생에 복업을 쌓지 않으면 후생에 비천한 노예로 다시 태어난다는 이야기다. 3, 4행의 어두에 '콜뢰'khor los'와 '꼴와'khor ba'가 쓰여 티벳어로는 반복의 묘미를 살리고 있다.

171. 2행에서 '만지는'으로 옮긴 '렉빠'reg pa'가 4행에도 반복적으로 쓰였다. 보통 '만지다, 접촉하다'로 쓰이는 이 어휘는 5위 100법의 5편행 중의 하나인 촉觸을 뜻한다.

　　[BD] 촉觸: 5편행의 하나. 근원, 환경, 의식 등 3자가 화합되어 환경의 촉감으로부터 자기 내심을 관찰하고 변별하는 것이다.

172. 8대 지옥 중 중합지옥衆合地獄의 모습이다.

　　[BD] 중합지옥衆合地獄: *팔대지옥의 제3. 살생죄. 투도죄. 사음죄를 범한 자가 떨어지는 지옥. 여러 가지 방식으로 고통을 받게 한다. 철산이 양쪽에서 압박하여 몸을 분쇄하고, 뜨거운 쇠로 된 부리를 가진 독수리가 죄인의 내장을 파먹는다. 또 나뭇잎이 칼과 같은 숲에서는 묘령의 여인이 나무의 위아래로 출몰하면서 죄인을 유혹하여 온몸이 갈라지는 고통을 받게 한다.

　　문장의 구성이 매우 독특한데, '레빠 쉰뚜 미제'rig pa shin tu mi bzad'로 '접촉, 매우, 아니다(부정형), 유순하다, 좋다' 정도가 된다. '미제'는 NF에서는 한 어휘 '참기 어려운unberable'으로 보고 '쉰뚜'를 옮기지 않았으며, NK에서는 '매우 끔찍한 접촉very terrible touch'으로 보고 있다. 후자에 따라 옮겼다. 두 개의 수식어가 뒤따라오는 이와 같은 구조는 매우 보기 힘든 경우라 전체적으로 의역했다.

　　'뗀빠'bsten pa'에 대해서는 5번 게송 각주, '미제'mi bzad'에 대해 47번 게송 각주 참조.

173. 8대 지옥의 4문 밖에 위치한 지옥 중의 하나로 '불기가 남아 있는 재'라는

뜻인 '당외煻煨'에 무릎까지 빠지는 지옥을 가리킨다.

174. 8대 지옥의 4문 밖에 위치한 지옥 중의 하나로 자세한 내용은 81번 게송 본문과 각주 참조.

175. 원문은 도구격인 '~에게'인데 여기서는 처격으로 옮겼다.

176. 8대 지옥의 4문 밖에 위치한 지옥 중의 하나인 봉인증鋒刃增의 검엽림劍葉林에 대한 묘사다. 칼과 같이 날카로운 나뭇잎들이 바람이 불면 떨어져 신체를 훼손한다고 한다.

　원문을 직역하면 '잘리는 것을 얻게 된다'이다. 전체적으로 의역하였다.

177. 2행의 어두에 '얼굴, 또는 면전'을 뜻하는 '동mdong'이 쓰였으나 의역하기 번잡하여 생략했다.

178. '천상에 흐르는 갠지스 강'이라고 옮긴 '만다끼니Mandākinī'는 '천천히 떨어지는' 혹은 '흐르는 강' 정도 되는데, 힌두교의 '파괴와 재창조의 신' 쉬바의 머리에 나오는 조그만 물줄기의 원류인 천상의 갠지스 강을 가리킨다. 갠지스 강은 원래 천계天界에 흐르는 강인데 대지가 가뭄으로 극심하게 마르자 쉬바의 머리로 천상의 강물 줄기를 받아 흐르게 했다는 인도 신화에서 비롯되었다. 열하烈河로 옮긴 '나디 바이따라니Nadī Vaitaraṇī'는 인도의 영원한 대서사시『마하바라따』에 나오는데 끓는 잿물이 흐르는 대지와 하계를 나누는 강이라고 한다.

　원문을 해자해보면, '지옥에 있는 이어짐이 없는 강' 정도가 된다.

179. [BD] 범천梵天: (1)【범】 brahma-deva 바라하마천婆羅賀麼天이라고도 쓴다. 색계 초선천. 범은 맑고 깨끗하단 뜻. 이 하늘은 욕계의 음욕을 여의어서 항상 깨끗하고 조용하므로 범천이라 한다. 여기에 세 하늘이 있으니 범중천 · 범보천 · 대범천. 범천이라 통칭. 범천이라 할 때는 초선천의 주主인 범천왕을 가리킴. (2) 범토 천축이란 뜻. 인도를 가리키는 말. (3) 수험도修驗道에서 묘소墓所를 일컫는 말. 범천이 내려와서 성령聖靈을 수호한다는 뜻.

　여기서는 색계에서 욕망을 여읜 최고의 상태를 성취했어도 업장에서는 벗어나지 않았다는 뜻이다.

180. [BD] 무간지옥無間地獄(8열지옥熱地獄의 하나. 범어 아비阿鼻 · 아비지阿鼻旨, Avici)의 번역. 남섬부주 아래 2만 유순되는 곳에 있는 몹시 괴롭다는 지옥. 괴로움을 받는 것이 끊임없으므로 이같이 이름. 5역죄의 하나를 범하거나 인과를 무시하고 절이나 탑을 무너뜨리거나 성중聖衆을 비방하거나, 공공연하게 시주 물건을 훔쳐 먹는 이는 이 지옥에 떨어진다고 한다. 이 괴로움을 받는 모양이 여러 경전에 기록되어 있다. 옥졸이 죄인을 붙들고 가죽을 베끼며, 그 베껴낸 가죽으로 죄인의 몸을 묶어 불수레에 싣고, 훨훨 타는 불속에 죄인을 넣어 몸을 태우며, 야차들이 큰 쇠창을 달구어 죄인의 몸을 꿰거나, 입 · 코 · 배 · 등을 꿰어 공중에 던진다고 한다. 또는 쇠매[鐵鷹]가 죄인의 눈을 파먹는 등 여러 가지 극심한 형벌을 받는다고 한다. 이 지옥에도 흑승黑繩 · 등활等活 등의 지옥과 같이 16별처別處가 있다고 한다. ⇒아비阿鼻.

181. 문장에 쓰인 동사의 시제와 조사를 우리말에 맞게 고쳐서 옮겼다. 1행에서 '되어'로 옮긴 '톱빼thob pa'는 원래, '얻다, 획득하다'는 뜻을 지니고 있으며, 2, 3행의 말미에 쓰인 '떼te, 네nas'는 시간의 전후와 원인과 결과, 혹은 문장의 자수를 맞출 때 두루 쓰인다. 3행에서 '가면'으로 옮긴 '친귤phyin gyur'의 '친'은 '가다'gro ba'의 과거형이고 '귤'은 '귤와'gyur ba'의 과거형이다. 앞에 '다시'를 뜻하는 '랄양slar yang'이 쓰여 있어 이렇게 옮겼다.

182. 3종의 복덕은 몸과 입, 그리고 마음[身口意]으로 짓는 복덕을 가리키는데 10종 악업의 반대되는 것을 가리킨다.

183. 원문에는 도구격이 쓰였으나 '압도하다, 누르다'는 뜻을 지닌 '지와rdzi ba'를 살리기 위해 이렇게 옮겼다. '해도 달도 닿지 않는' 정도로 의역해도 보기 좋을 듯하다.

184. 9자 1행을 맞추기 위해서 '악행'이라고 옮긴 '네빠 쩨빠 쬐남nyes pa spyad pa spyod pa'으로 늘려져 있는데 문자 그대로 옮기면 '과실(악, 죄)을 행한 행위(행실)' 정도가 된다. '네쬐nyes spyod'와 동의어로 보고 우리말의 어감에 맞게 옮겼다.

185. 팔열 지옥 가운데 6종의 지옥의 이름을 적고 있다.

[BD] 팔열 지옥 또는 팔대지옥八大地獄: 뜨거운 불길로 인하여 고통을 받는 여덟 가지 큰 지옥. (1) 등활지옥等活地獄. 고통을 받아 죽었다가 찬바람이 불어와서 살아나면, 또 다시 뜨거운 고통을 받는 지옥. (2) 흑승지옥黑繩地獄. 뜨거운 쇠사슬로 몸과 팔 다리를 묶어 놓고 큰 톱으로 끊는 지옥. (3) 중합지옥衆合地獄. 여러 가지 고통을 주는 기구가 한꺼번에 닥쳐와서 몸을 핍박하여 해치는 지옥. (4) 규환지옥叫喚地獄. 온갖 모진 고통을 견디다 못해 원망하는 슬픈 고함소리를 지르게 되는 지옥. (5) 대규환지옥大叫喚地獄. 지독한 고통에 못 견디어 통곡을 하는 지옥. (6) 초열지옥焦熱地獄. 뜨거운 불길이 몸을 둘러싸서 그 뜨거움을 견디기 어려운 지옥. (7) 대초열지옥大焦熱地獄. 뜨거운 고통이 더욱 심한 지옥. (8) 무간지옥無間地獄. 아비阿鼻 지옥이라고도 하며, 쉴 새 없이 고통을 받는 지옥.

186. 원문에 '가루'를 뜻하는 '체미phye ma'가 두 번 반복되어 '잘게'로 옮겼다.

187. 흑승지옥의 모습이다.

　　[BD] 흑승지옥黑繩地獄: 【범】 *kālasūtra* 팔열지옥八熱地獄의 하나. 죄 지은 사람이 이 지옥에 떨어지면 뜨거운 쇠줄로 얽어매고, 시뻘겋게 달아오른 도끼 · 톱 · 칼 등으로 몸을 베고 끊으므로 이렇게 이름. 이 지옥 중생들의 수명壽命은 1천세. 이 지옥의 하루는 도리천의 1천년이고, 도리천의 하루는 인간의 1백 년이 된다고 함. 사람을 죽이고, 도둑질한 이가 떨어지는 지옥.

188. 2행의 어두에 있는 이 어휘도 '명사+수식어+수식어' 구조이다. 직역하면 '액체가 불타는 것이 구름 같다' 정도 된다. 1행의 말미와 함께 우리말로 운문하여 옮겼다.

189. 이 문장 구조는 '소유격+수식어+수식어'로 '쇠의 꼬챙이 (그것이) 불타는 것' 정도가 된다.

190. 앞 게송과 어울리게 운문하여 수동으로 받았다. 초열焦熱 또는 염열炎熱 지옥의 모습이다.

　　[BD] 초열지옥焦熱地獄: 【범】 *tapananaraka* 8열 지옥의 하나. 살생 · 투도 · 사음 · 음주 · 망어를 범한 이가 떨어지는 지옥. 뜨거운 철판 위에 눕히고

벌겋게 달은 철봉으로 치고, 큰 석쇠 위에 올려놓고 뜨거운 불로 지지며 또 큰 쇠꼬챙이로 아래로부터 몸을 꿰어 불에 굽는 등의 고통을 받는다 함.

191. 1, 2행을 행에 맞추어 옮겼는데, 행을 맞추면 '개가 흉포하게 할퀴다'로 옮길 수 있지만 사용된 격조사와 맞지 않다. '할퀴다' 또는 '긁히다'로 옮길 수 있는 '데삐dbrad pa'가 쓰인 '날탕snar thang판'을 제외하고는 모두 '에삐dbad pa'로 쓰여 있어 이에 따랐다.

192. '참을 수 없는' 또는 '흉포한, 혹독한'으로 옮길 수 있는 '미제mi bzad'에 대해서는 47번 게송 각주 참조.

193. 1, 2행은 8대 지옥의 4문 밖에 위치한 지옥 중의 하나인 봉인증鋒刃增의 검엽림劍葉林에 사는 쇠이빨을 가진 개에게 당하는 고통을, 3, 4행은 봉인증鋒刃增의 철자림鐵刺林에 사는 쇠부리와 발톱을 가진 새에게 받는 고통을 묘사한 것이다.

    3, 4행의 경우 우리말에 맞게 행을 바꾸었다. 행을 신경 쓰면 '쇠부리와 / 날카롭고 흉포한 발톱을 가진'으로 옮겨야 되지만 쇠부리도 이 수식을 받으므로 행을 무시할 수밖에 없는 구조다.

194. 4가지 벌레에 대해서 적고 있는데 1행을 땅 위에 기는 더러운 충과 2행을 날개달린 독충으로 의역했다. '의정역'은 1행을 등에(흡혈충)와 2행을 파리 등 나는 벌레로 보고 맹승虻蠅 같은 벌레로 옮겼다. 2행의 '수많은'으로 옮긴 '티탁khri phrag'은 원래 10만을 가리키는데 1행의 전체적인 벌레에 대한 수식 어로 보고 행과 무관하게 우리말에 어울리게 옮겼다.

195. 보통 가정법으로 받는 '나na'를 특정한 시간을 뜻하는 경우로, 이후 따라오 는 벌레들의 움직임에 따라 고통을 당하는 것으로 보고 풀었다.

196. 8대 지옥의 4문 밖에 위치한 지옥 중의 하나인 오신채를 먹고 삼보를 비방하는 자가 떨어지는 시분증지옥屍糞增地獄의 모습이다. 시체가 진창을 이루는 곳에 낭구타娘矩吒 Skt., *nyaṅkuṭa*라는 벌레가 피부를 물고 뜯어 뼈를 부수어 그 골수를 먹는다고 한다.

197. 초열焦熱 또는 염열炎熱 지옥의 모습이다. 79번 게송 각주 참조

198. 원문은 '멈추는 것들'을 뜻하는 '최남chod rnams'으로 복수형으로 되어 있다.

199. 문장 구조에 따라 전체적으로 첨언하여 운문하였다.

200. 3행의 '생겨난다면'과 4행의 '경험한다면'은 원문이 모두 늘려져 있다. 4행의 말미에 있는 '뙤찌첼smos ci tshal'에 대해서는 57번 게송 각주 참조.

201. 주석서에 따라 '해탈'을 첨언하였다. NF는 '애욕을 여윈 것the extinction of craving'이 '모든 안락의 주인이다is Lord of pleasures'로 옮기고 있지만 여기서는 문장 구조에 따라 옮겼다.

202. 게송 전체가 대구로 이루어져 있어 이에 따라 옮겼다. '안락'이라고 옮긴 '기쁨, 쾌락, 행복' 등으로 두루 쓰이는 '데와bde ba'가 1, 2행에 쓰여 있어 3, 4행에 고苦를 뜻하는 '둥엘sdug bsngal'과 반대되는 어휘인 안락安樂으로 보고 옮겼다. 2행의 말미와 3행의 어두에 '~ 지딸 왈 ~ 데쉰 ~ ~ ji ltar bar ~ de bzhin ~'이 쓰였는데 보통 '~이듯, ~ 그와 같이'로 옮길 수 있다. 전체적으로 운문하였다.

203. '강락빼gang lags pa'가 쓰였다. '강락'에 대해서는 31번 게송 각주 참조.

204. '비교할 수도 없다'로 옮긴 '찰양 미푀도char yang mi phod do'도 관용적인 표현이다.

205. 1, 2행에 나누어진 것을 우리말에 맞게 옮겼다. 원문은 '년(로lo), 백억(제와 탁게bye ba phrag brgya), 동안(라된)'으로 되어 있다. 주로 목적격으로 쓰이는 '라된la don'을 여기서는 시간을 나타내는 것으로 보았다.

206. 3, 4행에 '지씨, 데씨ji srid ~, de srid ~'가 쓰였는데 이것은 '~ 하는 동안, 그때'를 뜻할 때 쓴다. 여기서는 2행의 말미에 '겪어도'로 옮긴 '뇌양니myod yang ni', 즉 강조의 용법이 쓰여 있어 이렇게 옮겼다.

207. 문장 구조에 따라 직역하였는데 아무래도 우리말과 비교하여 조금 어색하여 첨언하였다.

208. 지옥에 이은 축생계에 대한 설명이다.

[BD] 축생畜生: 【범】*tiryagyoni* 저율차底栗車라 음역. 방생傍生 · 횡생橫生이라고도 번역. 남이 길러주는 생류生類라는 뜻. 고통이 많고 즐거움이 적고 성질이 무지하여 식욕과 음욕만이 강하고, 부자 형제의 차별이 없이 서로 잡아먹고 싸우는 새 · 짐승 · 벌레 · 고기 따위. 그 종류는 매우 많아서 『십이유경十二遊經』에서는 6,400종의 물고기와 4,500종의 새, 2,400종의 짐승이 있다고 함. 사는 곳도 물 · 하늘 · 뭍에 걸쳐 있음. 중생으로서 악업을 짓고 매우 어리석은 이는 죽어서 축생도에 태어난다 함.

209. 문장 구조에 맞게 운문하며 첨언하였다.

210. 우리말로 '그치다'로 옮길 수 있으면 좋겠으나, 원본들 모두 '고치다, 개조하다'는 뜻을 지닌 '최빠'chos pa'가 쓰여 있어 이에 따라 옮겼다.

211. 아귀계의 모습이다.

[BD] 아귀餓鬼: 3도途, 5취趣, 6도道의 하나. 프레타*preta*의 원뜻은 죽은 사람, 사체死體, 망령亡靈 등이다. 전생에 악업을 짓거나 탐욕과 질투가 심한 경우에는 아귀로 태어나서 기갈飢渴로 고통스러워하는 형벌을 받게 되는데, 아귀의 목구멍이 마치 바늘구멍처럼 가늘어서 음식을 먹으려야 먹을 수 없기에, 음식을 두고도 아귀끼리 서로 먹으려고 다투는 것이 아귀도餓鬼道의 정경이라 한다. 우리말 용법상 아귀란 싸움을 잘하거나, 염치없이 먹을 것을 탐하는 사람에게 빗대어 부르기도 한다.

212. 이 3, 4행은 첨언하여 옮겼는데 영역들은 모두 의역이다. '조그만 똥도 먹을 수 없다' 정도의 뜻이다. 티벳어 원문 3행 어두의 소유격 '기gyi'를 '기gi'로 바로잡았다.

213. '따라ta la'는 인도의 '빨미라palmyra 나무'로, 야자나무 가운데 부채잎 야자나무라고 한다.

214. 3, 4행은 문장 구조에 따라 직역하였는데, 영역들에서는 '쳐다보는 것만으로'를 두 행의 수식어로 보고 옮기고 있다. 문장 구조를 유념하지 않으면 훨씬 나아 보인다.

215. 본문에는 '둘의 복수형dual'을 나타내는 '닥dag'이 쓰였으나 생략했다.

216. 원래는 2행 말미에 쓰여 있다. 우리말에 어울리게 앞에서 수식하는 것으로 보고 풀었다.

217. 3행의 말미 '중빠^{'jungs pa}'와 '쎌나^{ser sna}'는 원래 유사어로 큰 의미가 없다. 여기서는 3행에서는 여러 욕심들로 지나치게 노랭이 짓, 구두쇠 짓을 하는 일반적인 의미로, 그리고 4행에서는 20 수번뇌 중의 하나로 보고 옮겼다. 4행에서 '좋은 것이 아니다'로 옮긴 '팍민^{phags min}'은 '성스러운 것이 아니다'로 옮길 수도 있다. 영역들은 모두 의역하고 있는데 원래 문장 구조와는 좀 맞지 않고 의미 또한 불분명하다.

218. 2행에 비교격을 나타내는 '그것보다(데베^{de bas})'가 쓰여 있어 이에 맞추어 운문하였다.

219. 탈격의 '네^{nas}'가 쓰였는데 여기서는 원인, 이유 등을 나타낸다.

220. '(옛) 성현'이라고 옮김 '야랍^{ya rabs}'은 덕이나 신분이 높은 자를 뜻한다. 용례 중에 '고대의 성현'이라는 것이 있어 이에 따라 옮겼다.

221. '탐애'에 대해서는 50번 게송 각주 참조.

222. 앞 게송에 이어 천계에서 쾌락을 즐기다가 막상 죽음의 순간이 닥칠 때 나타나는 현상에 대해서 언급하고 있다. 『불본행집경』 등에 이에 대한 이야기가 나온다.

223. NK에서 '토리^{mtho ris}'라고, 다른 티벳본들은 모두 '하율^{lha yul}'이라고 되어 있다. 의미상으로는 큰 차이가 없다.

224. 티벳어 원문에는 복수형을 뜻하는 '닥^{dga}'이 쓰였는데 생략하고 의역하였다.

225. 바로 앞의 100번 게송에서 천계^{天界}를 뜻하는 유사어인 '하율^{lha yul}(천신의 나라, 또는 천신의 땅)'처럼, '천신(들)의 세간(하이 직뗀^{lha yi 'jig rten})'이라 옮긴 것과 의미상으로는 큰 차이가 없다. 다만 여기에서는 이것이 복수형으로 되어 있어, 다양한 천신들의 계^界를 구체적으로 언급하고 있음을 엿볼 수 있어 그대로 옮겼다.

226. '라된^{la don}'의 용법 중에 시간의 때를 뜻하는 경우가 있는데 보통 사용되지

않으나 여기에 사용되어 있다. 시킴 지역에서는 요즘도 두루 사용된다고
한다.

227. ‘세간’이라고 옮긴 ‘도와'gro ba’는 보통 ‘중생’을 가리킨다. 여기서는 문맥
에 맞게 매우 예외적인 경우로 쓰이는 ‘세간’으로 옮겼다. ‘중생들이 사는
곳’이니 세간이라는 뜻이 있지 않나 싶다.

228. 6도 중생들 가운데 아수라, 즉 비천非天에 대한 게송이다. 천신과 같은
능력을 지녔으나 그들에 대한 한없는 질투심을 가졌기에 고통스러운 6도
중생의 하나로, 인간계 위에 위치하고 있다.

　　[BD] 아수라阿修羅: 범어 아수라의 음역. 阿須羅라고도 함. 아소각阿素恪,
아수륜阿須倫, 아소라阿蘇羅, 무단정無端正, 비천非天, 아수라천阿修羅天. 수라修羅.
①본래 선신善神이었으나 비천非天, 즉 악신惡神으로 여겨지기도 함. 귀신鬼神
의 일종이며, 그 주처는 수미산 아래 대해저大海底라고 함. 8부중部衆의 하나.
→ 팔부중八部衆. 중생이 윤회하는 6도道 중의 하나. 즉 수라도修羅道를 말함.
→ 육도六道.

　　[BD] 아수라阿修羅: 【범】 asura 6도의 하나. 10계界의 하나. 아소라阿素羅 ·
아소락阿素洛 · 아수륜阿須倫이라 음역. 줄여서 수라修羅. 비천非天 · 비류非類 ·
부단정不端正이라 번역. 싸우기를 좋아하는 귀신. 인도에서 가장 오랜 신의
하나. 리그베다에서는 가장 우승한 성령性靈이란 뜻으로 사용. 중고 이후에
는 무서운 귀신으로 인식되었음.

　　비천非天은 신天과 동격이지만 신을 질투하는 마음을 갖추었기 때문에
괴롭다는 설에 대해서는 논사들마다 약간의 차이가 있다는 점에 대해서
렌다와의 주석서인 NF에 간략하게 언급되어 있다.

229. 불교에서 인간의 몸을 법기法器라고 부르는데 여기서도 ‘그릇器’을 뜻하는
‘뇌snod’가 쓰여 있다. 인간 몸을 받은 것에 대해 감사하며 수행하라는 뜻이다.

230. ‘끄려 하는 것’이라고 옮긴 ‘칠독 기외phyir bzlog bgyi ba’와 ‘땅네btang nas’는
‘쫓아내다’는 뜻을 지니고 있어 ‘서둘러’를 첨언하여 운문하였다.

231. ‘양씨 메빨 기레yang srid med par bgyi slad’를 해자해보면, ‘다시 (윤회계에)

존재하는 것을 없게 하는 것을 (추구하기) 위해서' 정도가 된다. '얍씨 메빠'
는 '해탈(탈빠)thar pa, Skt., *mokṣa*'과 동의어다.

232. 3행의 말미에 쓰인 '떼te'를 살려 '왜냐하면'으로 옮기고 '때문이다'를
첨언하였다. 문장의 전후를 원인/결과로 이어주는 '떼'를 옮기는 것을 생략
하면, '그보다 더 수승한 것은 없다'가 된다.

233. 본문에는 '둘의 복수형dual'을 나타내는 '닥dag'이 쓰였으나 생략했다.

234. 계정혜 삼학을 이렇게 적고 있다. 삼학에 대한 자세한 내용은 52, 53번
게송과 각주 참조.

235. 보통 훈련, 수행 등을 통하여 마음과 행동을 유순하게 하는 것을 가리킨다.
　　[BD] 조복調伏: 내면적으로는 자기의 심신을 재어制御하여 악덕을 떨쳐
버리는 것을 말하고, 외면적으로는 적의敵意를 가진 자를 교화하여 나쁜
마음을 버리게 하는 것. 조복調伏: 몸, 입, 마음의 삼업을 조화하여 모든 악행
을 굴복시키는 것.

236. [BD] 무구離垢: 무루無漏라고도 함. 번뇌와 더러움 없이 청정한 것. 여래를
지칭하는 경우도 있다.

237. 삼학을 수행하여 열반의 상태를 성취하는 것을 가리킨다.

238. 칠각지, 칠각분과 동의어이다.
　　[BD] 칠보리분七菩提分: 【범】 *sapta-bodhyaṅgāni* 열반에 이르기 위하여 닦
는 37가지 도행道行 가운데 제6. 칠보리분七菩提分 · 칠각지七覺支 · 칠각의七覺意
· 칠각七覺이라고도 함. 불도를 수행하며 지혜로써 참되고 거짓되고 선하고
악한 것을 살펴서 골라내고 알아차리는데 7종이 있다. (1) 택법각분擇法覺分.
지혜로 모든 법을 살펴서 선한 것은 골라내고, 악한 것은 버리는 것. (2)
정진각분精進覺分. 여러 가지 수행을 할 때에 쓸데없는 고행은 그만 두고,
바른 도에 전력하여 게으르지 않는 것. (3) 희각분喜覺分. 참된 법을 얻어서
기뻐하는 것. (4) 제각분除覺分. 그릇된 견해나 번뇌를 끊어버릴 때에 능히
참되고 거짓됨을 알아서 올바른 선근을 기르는 것. (5) 사각분捨覺分. 바깥
경계에 집착하던 마음을 여읠 때 거짓되고 참되지 못한 것을 기억하는

마음을 버리는 것. (6) 정각분定覺分. 정에 들어서 번뇌 망상을 일으키지 않는 것. (7) 염각분念覺分. 불도를 수행함에 있어서 잘 생각하여 정定·혜慧가 고르게 하는 것. 만일 마음이 혼침하면 택법각분·정진각분·희각분으로 마음을 일깨우고, 마음이 들떠서 흔들리면 제각분·사각분·정각분으로 마음을 고요하게 함.

239. [BD] 선법취善法聚: 선자량善資量으로 복덕자량과 지혜자량을 말한다.

240. 8번 게송 각주 등 참조.

241. 도구격이 쓰였으나 여기서는 이유와 결과를 이어주는 것으로 보고 앞의 '강라(gang la)'와 어울리게 받았다.

242. 14무기와 십이연기에 대한 설명이 게송 형태로 이어져 있다.

243. 원문에는 『아함경』이라고 적혀 있으나 『불설전유경佛說箭喩經』 이야기이므로 『장아함경』이라고 첨언하였다. 유명한 14난難이다. 세계의 시간성과 공간성, 여래의 문제 그리고 영혼 등, 총 4개의 주제로 이루어진 이 형이상적 질문은 아래와 같다.

> 1) 세계는 영원한가, 아닌가, 양자(영원하면서 영원하지 않은 것)인가, 양자가 아닌가?
> 2) 세계는 (공간적으로) 유한한가, 무한한가? 양자인가, 양자가 아닌가?
> 3) 여래는 사후에 존재하는가? 아닌가, 양자인가? 양자가 아닌가?
> 4) 영혼은 육체와 동일한가, 아니면 다른가?

이 문제에 대해서 용수는 『중론』 「제27 관사견품觀邪見品」에서 자세히 다루고 있다. 『법망경法網經, Brahmajālasūtra』에는 62 사견六十二邪見이 나오는데 이 14난과 함께 우에야마 슌페이[上山 春平]에 의하여 자세히 연구되었다. 카지야마 유이치와 우에야마 슌페이, 『공의 논리 ― 중관사상』, 정호영 옮김, 민족사, pp. 182-185 참조. 그리고 졸저, 『용수의 사유』의 「두 가지 진리와 붓다의 침묵」 편 참조.

244. ‘태양의 친구’라는 말은 불전 문학에 나오는 ‘아디땨반두*āditya-bandhu*, 또
는 수리야미뜨라*sūrya-mitra*, 日友’로 샤꺄족의 기원에서 비롯된 것이다. 여기
서는 샤꺄무니 붓다의 별칭으로 사용되어 있다.

245. 1행의 말미 ‘직뗀 나*jig rten na*’의 ‘나*na*’는 여기서 처격이다. 2행의 말미에
‘그 무엇’을 뜻하는 ‘강*gang*’이 쓰여 있으나 생략했다. 굳이 직역하자면 ‘말씀
하신 (바로 그) 무엇인 것입니다’ 정도가 된다.

246. 이와 같은 형이상학적인 질문은 상견常見, Skt., *śāsvata*과 단견斷見, Skt., *ucche-*
da, 즉 양변에 빠질 수밖에 없다는 지적이며 ‘고통에서의 해방’이라는 실천
적 목적을 위해 노력해야 한다는 뜻이기도 하다.

247. 십이연기에 대한 설명이라 별도로 우리말로 옮기지 않았다.

　[BD] 십이연기十二緣起: 또는 십이인연十二因緣 · 십이유지十二有支 · 십이지十二
支 · 십이인생十二因生 · 십이연문十二緣門 · 십이견련十二牽連 · 십이극원十二棘園
· 십이중성十二重城 · 십이형극림十二荊棘林. 3계에 대한 미迷의 인과를 12로 나
눈 것. (1) 무명無明. 미迷의 근본인 무지無知. (2) 행行. 무지로부터 다음의
의식 작용을 일으키는 동작. (3) 식識. 의식 작용. (4) 명색名色. 이름만 있고
형상이 없는 마음과 형체가 있는 물질. (5) 육처六處. 안眼 · 이耳 · 비鼻 · 설舌
· 신身의 5관官과 의근意根. (6) 촉觸. 사물에 접촉함. (7) 수受. 외계外界로부터
받아들이는 고苦 · 낙樂의 감각. (8) 애愛. 고통을 피하고, 즐거움을 구함. (9)
취取. 자기가 욕구하는 물건을 취함. (10) 유有. 업業의 다른 이름. 다음 세상의
결과를 불러올 업. (11) 생生. 이 몸을 받아 남. (12) 노사老死. 늙어서 죽음.
또 어떤 때는 연기를 해석할 적에 1찰나刹那에 십이연기를 갖춘다는 학설과,
시간적으로 3세世에 걸쳐 설명하는 2종이 있음. 뒤의 뜻을 따르면 양중인과兩
重因果가 있음. 곧 식識으로 수受까지의 5를 현재의 5과果라 하고, 무명 · 행을
현재의 과보를 받게 한 과거의 2인因이라 함過現一重因果. 다음에 애 · 취는
과거의 무명과 같은 혹惑이요, 유有는 과거의 행과 같은 업業이니, 이 현재는
3인因에 의하여 미래의 생 · 노사의 과果를 받는다 함現末一重因果. ⇒노사老死.

248. 팔고八苦 중 생로병사生老病死의 사고四苦와 사랑하는 사람과 헤어지는 (5)

애별리고愛別離苦, 증오하는 사람과 만나야 되는 (6) 원증회고怨憎會苦, 원하는 것을 얻을 수 없는 (7) 구부득고求不得苦, 오온에서 생기는 (8) 오음성고五陰盛苦 가운데 (7) 구부득고求不得苦만 언급하고 '죽음의 공포' 등(쏙, sogs)으로 받고 있다.

249. 접속사 '떼ste'가 쓰였는데 부정 접속사로 보고 옮겼다.

250. 티벳어로 연기緣起를 보통 '뗀델rten 'brel'이라고 줄여서 부르는데, 여기서는 '뗀찡 델왈 중와rten cing 'brel bar 'byung ba' 가운데 마지막 '와ba'만 생략한 채 전체를 써주고 있다.

251. '최고로 (빼어난) 깨달음 그 자체'라고 옮긴 '데니 릭빠 남촉de nyid rig pa rnam mchog'은 바로 앞에 나오는 '부처님(쌍게sangs rgyas)의 경지'를 수식하는 것으로 본 것이다. TT에는 '데니 릭빠de nyid rig pa'를 '공성의 깨달음realization of emptiness'이라고 나와 있다. 티벳불교에서 강조하는 '깨달음 그 자체'는 곧 공성을 깨닫는 것이니 그 의미는 같으나 여기서는 직역하였다.

252. 이 게송 안에서 '통와mthong ba'가 두 차례 쓰였다. 자세한 내용은 21번 게송 각주 참조.

253. 109번 게송부터 이어진 십이연기에 대한 설명의 마지막으로 이를 깨달으면 붓다의 경지에 오른다는 이야기로, 맨 처음 간접 인용의 '말씀하시다'를 뜻하는 '숭gsung'을 사용한 이후 용수가 설명하는 형식을 취하고 이에 따라 옮겼다.

254. 팔정도가 순서대로 적혀 있지 않고 정正자가 빠져 있는 게 더러 있어 첨언하였다.

[BD] 팔정도八正道: 불교 수행에 가장 중요한 8가지 종목. 1) 정견正見: 바른 견해. 사성제를 보는 지혜. 일반적으로 바른 세계관과 인생관. 바른 신앙. 2) 정사유正思惟: 바른 생각. 말이나 행동을 하기 전에 하는 바른 생각을 말함. 마음은 모든 일의 근본이 되므로 행동하기 전에 한 번 더 생각해보는 것. 3) 정어正語: 바른 말, 거짓말, 거친 말, 악한 말, 이간질, 속이는 말 등을 하지 않고 바른 말, 고운 말, 부드러운 말 등을 하는 것. 4) 정업正業: 바른

행동. 살생, 도둑질, 사음 등 악행을 하지 않고 생명을 사랑하고, 보시하고, 성도덕을 지키며 바르게 사는 것을 말함. 바른 행동은 바른 생각에서 나옴. 5) 정명正命: 바른 생활. 규칙적인 식사, 수면, 업무, 휴식 등 일상생활을 바르게 하는 것. 6) 정정진正精進: 바른 정진. 정진이란 이상을 향해 노력하는 것으로 악을 없애고 행복을 가져옴. 7) 정념正念: 바른 의식. 바른 의식으로 이상과 목적을 가지고 일상생활에 주의를 기울이는 것. 8) 정정正定: 정신통일. 사선정四禪定은 일상생활에서 얻기는 어렵지만 안정된 마음과 집중력은 지혜로운 삶의 기본이 된다.

255. 영역들에 따르면, 여기서의 '쉬와zhi ba'는 '평온'이라는 뜻이라기보다는 열반적정의 '적정'을 가리키는데 '쌉쩨'와 문맥상 의미로 봐도 이와 같아 '열반'을 첨언하였다.

256. 사성제에 대한 설명으로 축약되어 있는 것을 첨언하여 운문하였다.

    [BD] 사성제四聖諦: 네 가지의 성스러운 진리로서 불교의 근본 진리. 석가모니가 깨달은 진리로써 고통과 고통의 원인, 고통의 소멸과 고통을 없애는 여덟 가지의 길을 말한다. 고苦, 집集, 멸滅, 도道, 네 가지로 요약된다. 제1 고제苦諦란 미혹의 세계는 모든 것이 고통이라고 하는 진리이다. 제2 집제集諦란 고통의 원인은 만족할 줄 모르는 욕망, 즉 갈애渴愛라고 하는 진리이다. 제3 멸제滅諦란 갈애를 없앤 상태가 구극의 이상 상태라고 하는 진리이다. 제4 도제道諦란 구극의 이상 상태에 도달하기 위해서는 여덟 가지의 바른 행위 즉 8정도正道를 따라야 한다는 진리이다. 사성제四聖諦, 사진제四眞諦.

257. '유념하다'로 옮긴 '빵pang'을 영역들은 모두 무릎lap으로 옮기고 있으나 여기서는 '가슴에 안다'는 뜻을 지닌 '빵와pang ba'의 축약으로 보고 다음에 오는 가정법 '나na'와 같이 받았다.

258. 원문은 '곡물'을 뜻하는 '로톡lo thog'이다.

259. 그 의미에 맞게 문장 순서를 바꾸어 의역했다. 직역하면 '떨어졌던 것이 아니고 ~ 생겼던 것이 아니다' 정도가 된다.

260. 원문의 '락레rag las'는 보통 '의지하다'는 뜻을 지니고 있으나 여기서는

부정적인 의미로 보고 옮겼다.

261. 조복에 대해서는 105번 게송 각주 참조.

262. 마음이 3, 4행에 반복되어 있다. 3행에 쓰인 '툭hugs'은 마음의 존칭어이다.

263. '무엇, 어떤, 누구'를 뜻하는 '강gnag'이 쓰여 있으나 생략하였다.

264. 원문은 '베빠bas pa'로 '완벽하게 행하다, 끝내다, 마치다'는 뜻이 있다. 여기서는 '라된'이 쓰여 '베빨bas par'로 되어 있다. 주격으로 우리말에 맞게 옮겼다.

265. 생략된 어휘들이 많아 문장 구조에 맞게 주석서들을 참조하여 첨언하였다.

266. 1, 4행의 원문은 '게와dge ba'만 쓰여 있으나 1행에서는 착한 일을 하는 것, 즉 그 원인으로 보았으며 4행은 그 결과로 보고 풀었다.

267. 영문 주석서들은 '모든 유정들all sentient beings'로 통일되어 있다.

268. 한문 경전에서는 '요가 수행'을 뜻하는 '유가행瑜伽行'이라고 적혀 있다. 티벳어로는 '넬죌mal 'byor'이라고 한다. 여기서는 보편적인 의미인 '수행'이라 옮겼다.

269. 강조를 위해 첨언하였다.

270. 111번 게송에서 언급한 팔고八苦에 대한 축약이다.

271. 극락 또는 서방정토에 대한 언급이다.

    [BD] 극락極樂: 【범】 *suhāmatī, sukhāvatī* 수하마제須訶摩提 · 수마제須摩提 · 수하제須訶提 · 소하박제蘇訶嚩帝라 음역. 안양安養 · 안락安樂 · 안온安穩 · 묘락妙樂 · 일체락一切樂 · 낙무량樂無量 · 낙유樂有라 번역. 극락세계 · 극락정토 · 극락국토라고도 부름.

    불교의 이상향. 수카바띠는 지극히 즐겁고 안락하다는 뜻을 지닌다. 오직 기쁨만이 넘치고 고통은 전혀 없는 땅이 극락이다. 극락은 곳곳에 연꽃이 가득 피어 있고, 극락조가 노래하며, 모든 번뇌와 고통은 그림자조차 없는 빛의 세계이다. 극락세계는 우리가 살고 있는 사바세계에서 서쪽으로 십만억 불토佛土를 지난 곳에 있는 청정한 세계로서, 일찍이 아미타불의 전신이

었던 법장^{法藏} 비구의 염원이 그대로 실현된 곳이다. 경전에서는 공덕 수행을 통해서 극락왕생을 실현할 수 있다고 한다.

272. [BD] 아미타불^{阿彌陀佛}: 【범】 *Amitābha Buddha, Amitāyus Buddha* 대승불교의 중요한 부처님. 줄여서 미타. 범본경전^{梵本經典}에는 아미타바불타 · 아미타유사불타의 두 이름이 있음. 한역한 여러 경전에도 여러 가지 이름이 있거니와 보통은 아미타불 · 무량수불이라 함. 정토 3부경에 있는 이 부처님의 역사는 오랜 옛적 과거세에 세자재왕불의 감화를 받은 법장^{法藏}이 210의 많은 국토에서 훌륭한 나라를 택하여 이상국을 건설하기로 기원. 또 48원을 세워 자기와 남들이 함께 성불하기를 소원하면서 장구한 수행을 지나 성불하였으니, 이가 아미타불임. 구원한 옛적에 성불한 아미타불^{本佛}에 대하여, 이 부처님을 10겁 전에 성불한 아미타불^{迹佛}이라 함. ⇒아미타유사^{阿彌陀庾斯}.

273. '보호자'라고 옮긴 '괸뽀^{mgon po}'에는 '의지처, 호법신'이라는 뜻도 있다.

274. 육바라밀다를 축약한 것이다.

275. 2행 말미에 쓰인 탈격의 '네^{nas}'는 원인을 나타낸다. 다음 게송 2행의 '네^{nas}'도 같은 구실을 하고 있다.

276. 3행 말미에 있는 '최고'를 뜻하는 '촉^{mchog}'을 가져와서 옮겼다.

277. [BD] 무소외^{無所畏}: 또는 무외^{無畏}, 두려움이 없는 것, 흔들림 없는 자신감. 불, 보살의 덕의 하나로 설법에 있어서 4가지 흔들림 없는 자신^{自信}을 사무외^{四無畏}라 함. 어떤 일이든 두려움 없이 자신을 가지고 안심하고 용감하게 법을 설하는 것.

[BD] 사무외^{四無畏}: 【범】 *catvāri-vaiśāradyāni* 불 · 보살이 설법할 적에 두려운 생각이 없는 지력^{智力}의 네 가지. (1) 부처님의 4무소외의 하나. 정등각무외^{正等覺無畏}는 일체 모든 법을 평등하게 깨달아 다른 이의 힐난^{詰難}을 두려워하지 않음. (2) 누영진무외^{漏永盡無畏}는 온갖 번뇌를 다 끊었노라고 하여 외난^{外難}을 두려워하지 않음. (3) 설장법무외^{說障法無畏}는 보리를 장애하는 것을 말하되 악법^{惡法}은 장애되는 것이라고, 말해서 다른 이의 비난을 두려워

하지 않음. (4) 설출도무외說出道無畏는 고통 세계를 벗어나는 요긴한 길을 표시해서, 다른 이의 비난을 두려워하지 않음.

[BD] 사무외: (1) 보살의 4무외의 하나. 능지무외能持無畏는 교법을 듣고 명구문名句文과 그 의리義理를 잊지 아니하여 남에게 가르치면서 두려워하지 않는 것. (2) 지근무외知根無畏는 대기對機의 근성이 예리하고, 우둔함을 알고, 알맞은 법을 말해 주어 두려워하지 않는 것. (3) 결의무외決疑無畏는 다른 이의 의심을 판결하여 적당한 대답을 하여 두려워하지 않는 것. (4) 답보무외答報無畏는 여러 가지 문난問難에 대하여 자유자재하게 응답하여 두려워하지 않는 것.

278. 여기까지 119번 게송의 4행 마지막에서 부른 '그대여!'를 받는다.

279. NF에서는 '반데bande', '사르나스판'에서는 '벤데'ban de'가 쓰여 있다. 승려를 존칭하여 부르는 이 단어는 오늘날에도 인도에서 널리 쓰이고 있다.

찾아보기

친구에게 보내는 편지

초판 1쇄 발행 2012년 2월 24일
    2쇄 발행 2023년 9월 25일

지은이 용수
옮긴이 신상환
펴낸이 조기조

펴낸곳 도서출판 b
등 록 2003년 2월 24일 제2006-000054호
주 소 08772 서울시 관악구 난곡로 288 남진빌딩 302호
전 화 02-6293-7070(대) 팩시밀리 02-6293-8080
이메일 bbooks@naver.com 홈페이지 b-book.co.kr

ISBN 978-89-91706-50-7   93220
정 가 12,000원

* 잘못된 책은 구입한 곳에서 교환해 드립니다.